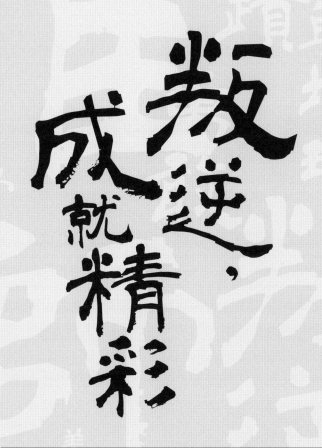

叛逆，成就精彩

只有想不到，沒有做不到的旅遊創意

雄獅集團

黃信川——著

美學素養、創意加值與落實ESG 是經營新旅遊的三大錦囊

交通部觀光署署長、台灣鐵道觀光協會理事長／周永暉

　　過去求學階段就受到胡適之先生影響，他是倡議人人都要站出來面對自己寫下自傳，今日接獲信川兄邀約為他的半自傳式的人生故事專書寫序文，更是樂見透過著作這樣的事情，讓大家分享他的人生體驗與旅遊志業。

　　與信川兄相識於2014年，當時我擔任臺灣鐵路管理局局長的工作，就覺得臺鐵餐旅的業務越來越需要與旅遊業擴大合作，而他總會表現得很得體。後來在2016年我接任交通部觀光局時，有感於鐵道與觀光必須加強合作，乃在2019年由產官學各界共同籌組成立台灣鐵道觀光協會後，他積極的參與，讓我更加認識他的專業與能力。鐵道觀光協會是以鏈結鐵道、觀光與文化為主軸，並作為知識共享與產業創新的發展平台，活絡國內外鐵道旅遊為宗旨。成立以來，信川兄一直擔任該協會的理事，不僅每年年會都積極參與，在台灣各相關的鐵道觀光產業之重要研討會上，都

可以看到他充分準備的內容，各位讀者也可以在這本著作裡面看到一二。

　　評估旅遊行程規劃的良窳，我們可以明確指出美學、創意，再加上ESG，是疫後新觀光旅遊的三大關鍵指標。我們套用范仲淹曾在《岳陽樓記》指出：「浩浩湯湯、橫無際涯；朝暉夕陰、氣象萬千。」這句話用在當前觀光旅遊的變化，是旅行業者從事旅遊產業提供服務的重要期待，也是孕育著商機無限的可能，更是呈現許多不同人生的體驗之旅活動。今天藉由此書出版，我們也可以一窺黃信川總經理筆下的父親與雄獅旅遊老闆王文傑董事長，這兩位他人生中的導師與益友，讓人多了一些不同於一般專書的人生經驗，談來充滿了愛和包容，個人滿滿的感動與獻上祝福！

以叛逆推動創新進化，
帶來不設限的勇氣

交通部臺灣鐵路管理局局長／杜微

　　黃信川先生人稱「川總」，是國際觀光旅遊業界引領風潮的靈魂人物，也是我的好友。這本川總創意教科書以獨樹一幟的「逆勢行銷」手法撰寫，非常適合喜愛旅遊及想更深入瞭解創意行銷的普羅大眾，值得推薦。

　　書中從「父親與我」出發，刻劃出一位觀光旅遊天才背後的支柱及成長過程，家庭是最深的羈絆，也是最棒的養分。作者以細膩手法完整表達對觀光的深厚情感，從執畫筆到翻轉傳統觀光思維，持續創新進化；從台灣走向世界，不設限並勇於挑戰；為觀光注入新活泉，將想像化為實際行動，更以軟實力榮獲國際美學iF設計大獎肯定，創造奇蹟。

　　近年臺鐵局大力推動鐵道觀光，舉凡豪華旅行的「鳴日號」、頂級餐飲及在地行程的「鳴日廚房」、懷舊純樸的「藍皮解憂號」、代表地方色彩的「藍皮意象館」、無處不到的「兩鐵

|叛逆，成就精彩|
只有想不到，沒有做不到的旅遊創意

列車」、尊榮服務的「禮賓候車室」等，未來還會推出山嵐號、海風號及頂規鑽石級寢台列車，這些過程中川總一直是出力最多的夥伴之一，也讓臺鐵局受益良多，臺鐵團隊會更加努力繼續扮演火車頭的角色，發揮鐵道觀光最大魅力。在此大力推薦您閱讀此書，來感受全新的視野與發想。

提升服務品質，
達到「作品」等級的用心

農業部主任秘書／范美玲

每次見到川總，總是帶著熱情、自信和衝勁，每次都讓我相當期待又可以聽到他突發奇想的創意和新穎的想法！

川總從小就跟著父親走訪各地旅遊、耳濡目染，他的父親走遍台灣、環遊世界，更為台灣催生許多旅遊模式，挖掘許多台灣各地的文化特色，讓觀光客在旅遊中深深認識台灣和這塊土地。例如與農業息息相關的「農遊體驗」苗栗大湖採草莓，就是出自信川父親的巧思，成功串聯農業生產和觀光旅遊，並同時顧及農民和旅客關係的平衡。

從繪畫界再跨域到旅遊界，讓川總對於旅遊的想像更加深其廣度和深度，所以川總才會以「作品」來形容旅遊服務，因為對他來說，經過仔細的雕琢、精心打造，才能成就一項好的旅遊服務體驗，也才能稱之為作品，從鳴日廚房和藍皮解憂號的轟動，雙雙獲得iF「服務體驗設計獎」，就可見他如何用心提升品質。

|叛逆，成就精彩|
只有想不到，沒有做不到的旅遊創意

認識川總幾年，真正熟識則是一個在疫情期間想為農業找通路、為觀光業找出路的故事，「個人不要單顧自己的事，也要顧別人的事」，在疫情的衝擊下，我們攜手透過旅遊通路打開農特產品的能見度，從一級花卉、生鮮農產品，再到二級農產品加工的伴手禮，延伸到三級的農遊體驗，在疫情下殺出一片藍海！

川總這本心血，再度啟發我許多農業結合旅遊的想像，台灣農家的美好，需要旅人們踏進台灣各個農漁村品嚐美味的農食、深度體驗，才能讓台灣農村的美好，深深刻劃在每位旅人的心上。

求新求變的旅遊產業轉型創意

農業部林業及自然保育署署長／林華慶

創意，感覺天馬行空，令人無法參透，但真正的創意家，卻能透過實踐，展現源源不絕靈光的精妙之處。黃信川董事總經理的《叛逆，成就精彩：只有想不到，沒有做不到的旅遊創意》，就是一本武林祕笈，讓我們看見他如何從一位藝術的學習與仰慕者，蛻變為擁有卓越洞見與宏遠願景的觀光創意鬼才。

信川兄的父親是台灣觀光界的元老，更是台灣鐵道旅遊的先驅，受到父親的潛移默化，加以他獨到的眼光與創新思維，在近年規劃多條結合藝術、在地文化和自然美景的鐵道旅遊遊程，還為旅遊和文化的結合加入藝術和美學的元素，讓台灣的鐵道觀光增添更多可能與想像。

信川兄如今也已是台灣旅遊業的要角，這本書彙集了他的豐富經歷與深厚知識，並展現他不斷為旅客創造驚喜的創意和創新精神，對正值轉型的台灣旅遊產業，具有非常重要的參考價值。

一起來翻翻這本創意教科書，相信你一定可以從中，找到屬於你的創意泉源。

台灣觀光旅遊業的「點子王」

台灣高鐵公司總經理／鄭光遠

我與雄獅旅遊董事總經理黃信川先生有超過30年的好交情！早在我服務於航空產業時，就對這位大家口中的「川總」留下深刻的印象。因為他不只是創意無限的「點子王」，更能把想法包裝成熱銷的旅遊產品，是業界不可多得、兼具創意與行動力的人才。許多大家耳熟能詳的旅遊新主張和活動，都是他的發想。

過去我們合作的專案中，至今仍為業界津津樂道的就是在2000年到2005年，我們一起成功引領一股離島觀光的風潮，像是安排旅客從台北、台中、嘉義、台南及高雄五大航空站飛往金門的「五金齊發」及飛往澎湖馬公的「五馬奔騰」旅遊專案，都一舉擦亮了離島在地旅遊的金字招牌！

任職台灣高鐵後，我與川總交流更加頻繁，他對旅遊趨勢的掌握及軌道觀光的前瞻視野，帶給我無限啟發。特別是在我擔任第二屆鐵道觀光協會理事長期間，高鐵與雄獅旅遊合作推出「大人囝仔高鐵行」，利用高鐵離峰運能讓銀髮族旅客能夠體驗「高

|叛逆，成就精彩|
只有想不到，沒有做不到的旅遊創意

速 慢活」的高鐵旅程，更是鼓勵了許多協會的同業紛紛投入鐵道旅遊產品的開發，讓台灣鐵道觀光的資源因此更加豐富並充滿活力！

而川總令我佩服的是他認真、好學的態度。他不只長期關注國際觀光趨勢，更特別到政大攻讀EMBA，透過加倍修習各種學分，從中結識許多企業夥伴，為他日後推動各種合作結盟累積豐富的資源！在學習期滿後，他更以完整的論述結構，結合實務經驗與策略發展，兼任師大EMBA副教授，將寶貴的經驗傳授給更多業界的後進。他求知的精神與分享的熱誠，令人無比感佩！

欣聞他即將出書，不但可分享他的成長歷程和從業點滴，相信透過「點子王」為讀者帶來的許多精彩故事，更可以完整地呈現出他的創意與視野。期待更多人看了他的分享後，加入旅遊產業，成為下一波推動台灣觀光的生力軍。

一本豐盛、寶貴的好書

國立台灣師範大學運動休閒與餐旅管理研究所教授／王國欽

認識黃信川「川總」是在2006年，那時我和雄獅開了一門課程：Two Days with CEO，期末要把學生帶到企業總部待整整兩天；臨行前，接到王文傑董事長電話，董事長決定邀請所有一級主管加入這兩天課程，川總是21位雄獅主管之一。在雄獅的會議室裡，我當時就坐在川總前面一點，看到他和學生的熱絡互動、風趣幽默，當時就深覺這是一位非常有才華的主管。

這個課程促成與雄獅連續8年人才培育產學合作，許多學生有幸畢業後進入雄獅任職，一路到現在沒有離開。也因為這個產學合作，我和川總一直保持著聯繫。

十多年來，川總的閱歷和才華增加了，但其他的，如：身形、口條、源源不絕的創意，倒是沒有什麼改變。我想這都是源自於川總很高度的自律，這是另一個我佩服他之處，就像他長期堅持的跑步，常常都是摸黑起早，讓很多人難望項背。幾年前，我們還一起去跑了田中馬，他的成績很可以。

2017年，我擔任台師大樂活EMBA的創所執行長，特別邀請他擔任我們的產業大師。在教學過程中，他總是以極佳的口才分享時事和自己的管理經驗，內容幽默風趣，和學生互動非常好，學生很喜歡上他的課，大家樂在學習！

　　川總與其他業師非常不同，他很能設想資源的串聯。我們曾共同指導許多學生，像是南方莊園渡假飯店的副董事長、宜蘭亞典菓子工場的總經理，這些來就讀EMBA的學長姐們，在事業上都有大大小小的挑戰，川總在指導學生時，會找出學生的企業經營難題，分享他的人脈，協助學生導入資源，在解決問題之際，也同時完成論文，這對學生而言，是非常大的收穫！

　　川總的這本大作，我想用「豐盛」兩個字來形容。一般的科普書深淺不一、學校用的教科書則往往是在既定的架構下，很八股的延伸。

　　豐盛的書，很不容易寫，對我而言，它必須是看了有感觸、讀了有畫面；這本書，又加上了川總對於家人、對於在地文化的情懷，這真是源於旅遊界、來自雄獅難得一見的好書。

一個旅遊世家，
一部台灣觀光旅遊業發展史

雄獅集團董事長／王文傑

　　川總，雄獅旅行社董事總經理、台灣旅遊產業公認的點子王，出版了這本《叛逆，成就精彩》！這本結合行銷個案與旅遊專業的自傳，其實也是一部台灣觀光旅遊業發展史，更是饒富人文關懷的一本書。

　　川總來自旅遊世家，父子兩代寫下近百年台灣觀光發展史，台灣在1970年代開放出國觀光，黃木龍老前輩就開創日本全覽的旅遊新模式，川總承襲父親的國際旅遊思維，在疫前時期，川總致力協助許多國家地方旅遊公私單位，將「旅遊」與「行銷」交互運用的效益發揮得淋漓盡致，而在疫情時期，透過台灣「鐵道」的緣分，串起兩代火車觀光的使命。

　　談到黃木龍老前輩鐵道旅遊豐功，包括：1950年代經營台灣環島巴士旅遊；1970年代接待日本入境台灣首發團；1990年代成立「台灣鐵路旅遊聯營中心」。而川總帶領雄獅鐵道團隊，2020年啟程了鳴日號搭載台灣美好事物與五感新體驗；2021年藍皮解

憂號以觀光列車重返南迴微笑曲線懷舊之旅；2022年鳴日廚房列車把食客帶到食材原鄉，提供旅客「餐景合一」沉浸式的體驗；2023年鳴日廚房與藍皮解憂號雙雙獲得德國iF設計獎。

令我印象深刻的一個時刻，就在川總代表我參加南迴鐵路藍皮解憂號啟動儀式當天，推動北迴鐵路觀光的黃老前輩，悄然離開了我們。彷彿是老天安排──鐵道「接軌」兩代，一起完成了台灣環島鐵道觀光。

我要藉此機會特別感謝川總在疫情期間，發揮無比的行動力以及旅遊相關產官學媒研的影響力，協助我規劃了56趟的「全台走透透」，並在軌道旅遊、樂齡旅遊、山林生態旅遊、原民部落旅遊、農業休閒旅遊、低碳綠色旅遊……，建立了雄獅國旅霸主地位，同時親自率領團隊進駐關島，第一線服務台灣旅客，每一次的行動，都塑造了雄獅在「逆勢中奮發向上」的品牌形象。

恭喜川總出版了反映社會脈動與國際趨勢、和父子二代情揉合了人生智慧與人文關懷的精彩好書。

最後，期勉能結合更多志同道合夥伴一起打拚，讓全世界看見台灣的美好，讓台灣走向全世界。

叛逆的挑戰與浪漫

　　我生性不服輸！誰說一定要順水行舟！叛逆讓我從不同的角度看世界、看市場，看見隱藏的商機，洞察問題的癥結。叛逆，讓我成就精彩！

　　想寫這一本書，是為自己走到現在的人生留下紀錄，也想分享給有志於觀光產業的朋友，看到旅遊人的人生就是如此的豐富。觀光人的生活，不是只有到處飛，還有許多有趣的挑戰來成就精彩。

　　另一方面，也是為了紀念我的父親。父親離開兩年了，我很想念他。

　　許多朋友常說我是創意點子王，很會說故事，其實這是承自我敬愛的父親──黃木龍先生，他可說是台灣國民旅遊的領航者，還是第一位接待日本來台旅客的台灣入境旅遊業者，推動日本16日遊及9日遊全覽日本的創意者。台灣的鐵道觀光、田園採果啟動，都有他的身影，在旅遊方面的創意、說故事的魅力、導覽介紹的鋪陳、對旅行的熱愛，都讓老客人一直追隨。直到他90

多歲，還有老客人指定跟著他的團去日本。

今年我已經63歲了，擔心再過幾年，對父親、對生活、對工作會逐漸淡忘，趁現在還記得的時候，把父親的工作故事和我的生活工作一起記錄下來。分享許多創意、行銷的小故事，也記錄立定目標使命必達的心路歷程，期待讓讀者們收穫不同思維，一起叛逆成長。

遇事別說不可能！我就喜歡挑戰「不可能的任務」，拆解「不」的原因，找出「可能」，辦好「任務」，就像打高爾夫球一樣，選擇幾號球桿？用多大力氣？揮打高低方向都由自己決定，爭取漂亮進洞。

祝賀別人旅途平安，有時會說「一路順風」。但其實飛機起、降時，「逆風」是更好的選擇。起飛時逆風讓空氣托舉機翼的相對速度增加，加大「升力」；降落時風阻可以降低飛機速度，逆風能縮短飛機起降的滑跑距離，獲得更好的穩定性和安全性。風阻是不是阻礙？端看我們看待與運用的角度。

風向是老天爺說了算，有時必須逆風而起，才能順風飛行，有時得抗禦側風力度，把穩方向才能勇往直前。人生不可能風平浪靜，衝浪時要勇於迎接大浪，無畏風口浪尖，才能站在浪頭上昂首搖擺。

如果說不願隨波逐流，是一種叛逆，我想我是。那是刻在骨子裡的不服輸，而非外顯的張揚！我深信：只有想不到，沒有做不到。

面對各式各樣的挑戰，得跟著求新求變，人生才顯得與眾不同！

射手座的人生

我是「射手座」，又叫「人馬座」，形象通常是下半身有強壯的馬軀，四蹄健壯；上半身則是持弓獵者，有敏銳的雙眼、堅定的眼神，手上永遠拿著弓箭，向目標瞄準。

這非常符合我對自己的想像！我的眼睛總是警惕前望，觀察這個世界正在發生的事，把手中的箭瞄準目標。我追求快速與效率，不會盲目追逐，而是認準方向後用四隻腳高速奔跑，追上目標，精準射擊！這一個目標完成了，就往下一個邁進；強壯身體讓我有體力不斷追夢，我也樂在追夢、圓夢的過程，跑上一座又

│叛逆，成就精彩│
只有想不到，沒有做不到的旅遊創意

我常參加路跑競賽，2019年還與台師大王國欽教授一起參加田中馬拉松。（圖／作者提供）

一座的山峰，享受沿途的風景與達標的樂趣。前方，還有山！

　　這幾年我參加過許多次馬拉松競賽。跑步是我和自己相處的時刻，我喜歡在跑步中思考，也在跑步中超越自己。我自己的個性就是一匹千里馬，就像母親從小教導：能做就多做一點、要比別人更勤奮。該走時走，該跑時跑，累了停下來吃吃青草，不怕跑得慢，只要向前，始終會到達目的地。

每一面獎牌，都見證我一段奔跑人生。
（圖／作者提供）

有伯樂是件幸福的事，但我們也可以是自己的伯樂。方向對了，就用力奔跑。或者有高山，有低谷，但我知道自己已用盡全力，不留遺憾，這樣的人生，每一刻對我來說，都是精彩。

願你也跑出自己精彩人生。

謝謝身邊的你

這本書敘述我成長過程中，父母家人給我的教導與愛，進入社會遇到許多轉折，也遇到很多的貴人；2020～2022年間，觀光產業遇到疫情的衝擊和考驗，以及一路行來尋找夥伴的過程。挑戰讓我們面對生活更加堅毅，困頓也成就了燦爛美好的回憶。

凡走過必留下痕跡，回看來時路，點滴在心頭。梳理過往歷史，是為了提醒自己還有無限可能，創造更好的未來！

自省會帶來勇氣，那是「雖千萬人，吾往矣」的精神！如果因為我的堅持、不服輸與小小的叛逆，讓我在人生旅途上能有一點小小成就，需得藉此書感謝眾多貴人和夥伴的信任、支持和陪伴，一路同行，創造精彩。也期待喜歡我的朋友，從這本人生故事裡，能收穫感觸和感動，看見力量。

曾在推動「大人囝仔聚樂部」樂齡旅遊記者會時說過：退休後會有新的人生，新的視野，新的未來！我一樣會選擇以不服輸

的精神，迎接生命給予的種種挑戰。

有句很經典的話，像鬧鐘響鈴一樣每一天都提醒我：最終能生存下來的物種，不是最強的、也不是最聰明的，而是最能適應改變的物種。

出版這本書，也是對我自己的挑戰。願我們都能不斷進化成更好的自己。

未來，待「敘」。

CONTENTS

推薦序

美學素養、創意加值與落實ESG是經營新旅遊的三大錦囊／
　　周永暉.........002

以叛逆推動創新進化，帶來不設限的勇氣／杜微.........004

提升服務品質，達到「作品」等級的用心／范美玲.........006

求新求變的旅遊產業轉型創意／林華慶.........008

台灣觀光旅遊業的「點子王」／鄭光遠.........010

一本豐盛、寶貴的好書／王國欽.........012

一個旅遊世家，一部台灣觀光旅遊業發展史／王文傑.........014

自序　叛逆的挑戰與浪漫.........016

1 從執畫筆的人到觀旅創意人

01　父親與我.........028

02　不忘初心——母親的身教與言教.........038

03　執子之手，與子偕老.........042

04　教育與發展——藝術與創意.........045

創意觀光點子王

05 旅遊行銷初試..........059

06 亞大部，切入大陸市場..........066

07 產官學媒整合推手──JWI..........074

08 歡迎觀光新夥伴..........094

09 教學相長不藏私..........102

我與大人囝仔

10 起心動念，家的回憶..........114

11 樂齡旅遊推手──從內到外，理念傳達..........116

12 翻轉思維──更多元的遊程開發..........123

13 打造樂齡產業鏈..........127

14 持續進化..........130

15 感動的故事還在繼續..........136

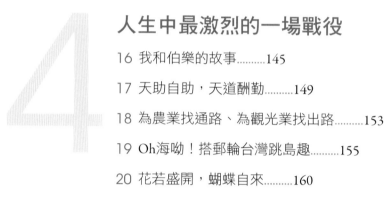

4 人生中最激烈的一場戰役

16 我和伯樂的故事..........145

17 天助自助，天道酬勤..........149

18 為農業找通路、為觀光業找出路..........153

19 Oh海呦！搭郵輪台灣跳島趣..........155

20 花若盛開，蝴蝶自來..........160

5 打造軌道奇蹟──iF服務獎

21 做一個鐵道夢..........168

22 臺鐵新美學：鳴日號觀光列車..........172

23 風光佐盛宴：鳴日廚房觀光列車..........182

24 南迴微笑：藍皮解憂號觀光列車..........186

25 穿越百年故事：阿里山森林鐵道..........200

26 低碳輕旅！兩鐵列車..........207

27 美學體驗──iF設計大獎..........218

6

服務與設計

28 設計創造價值..........227

29 永遠有更好的..........233

7

未來待敘

30 永續是未來基石..........243

31 退而不休的新旅程..........248

CHAPTER

1

從執畫筆的人到
觀旅創意人

許多人知道我出身觀光世家,因為父親黃木龍先生、
哥哥黃偕凱先生和我都從事旅遊業。但很少人知道我
高中其實是學美術的。人生峰迴路轉,總是令人驚
喜。

01 父親與我

我出生在1960年，父親在1957年左右就從事旅遊觀光產業。他是全台第一位接待日本觀光客的旅行業者，也是帶團到全球趴趴走的旅行家。我在娘胎的時候，父親就已是一個旅遊人。小時候家裡媽媽可說是「在家全職上班」，一方面照顧我們，另一方面又忙著各式各樣加工與代工。

父親不常在家，媽媽一個人要帶四個小孩，又怕我們學壞，她一直告訴我們家裡環境很不好，要努力讀書學習！但我卻感覺，我們過得比別人要快樂太多了！

猶記五六歲的時候，住家附近三、四條街巷，就只有我家有一台大型的黑白電視機！還記得電視機是放在鐵製的圓形鐵架子上，可以360度旋轉，電視螢幕前還有竹片拉門，非常有趣。

每天大概下午四五點多，我們兄弟就開始忙了！因為附近的鄰居小孩子，都會帶著板凳來我家門口集合看電視！當時家裡是一間兩層樓的房子，一樓有騎樓和涼亭，大門還是六到八片大木門所組成的附軌道大門。把門推開來後，我和哥哥們就像「囝仔王」，負責指揮鄰居小朋友的座位安排，要求大家守秩序、不可

以吵鬧……。

或許是那時跟一大群小朋友互動和玩樂的過程中，我也開始培養出一點點的領導力或一點點的商業想像力。

等路、等父親、等故事

那時等父親回來是一種日常。兄弟們常問媽媽說：父親又出差了？父親什麼時候回來？如果媽媽回應：大概今天五、六點父親會回來！三兄弟就會手牽著手，站在路口邊玩邊等父親。

至今還記得那個畫面：我穿著開襠褲，露出兩片可愛的屁股，流著鼻涕，三兄弟在路口等。期待遠遠看到父親回來時臉上親切的神情，還有手上「有沒有」提著東西。

在路口等父親和重要的「等路」（伴手），對我們的小小心靈是非常重要的「儀式」。每次父親從外地回來，袋子裡不只是禮物或當地小吃，還有滿滿的「旅行故事」。最期待父親一面拿出禮物，一面分享他這些天看到的故事及禮物背後的意義。雖然因為工作的關係，父親無法一直陪伴，但成長中的教育，他不曾缺席。

1971年，有次父親帶回來的禮物是一艘蘭嶼的手工雕刻船。船身大概有35公分長，兩頭尖尖的，上面有羽毛裝飾雕刻，船上雕著八個人在划船，船兩側精細刻劃了圖騰，很是漂亮。

　　父親剛從蘭嶼回來。這次他特地帶了一條新樂園的香菸，在蘭嶼換到這艘珍貴的手工木雕船，訴說當地的先住民的生活點滴，像是如何刻苦地捕魚維生、島嶼生活智慧、鬼神文化傳說等。還記得父親說：他是搭螺旋槳飛機降落蘭嶼旅遊的第一人！還拿出一張已經斑駁的照片，說船的背後就是當地人的生活！

　　我印象非常深刻：當時政府正推行「國民生活須知」，要求每個人能夠穿上衣服或外褲。父親說蘭嶼的派出所為導正當地人生活，希望他們能夠「穿褲子」，然而當時蘭嶼的生活文化就是打赤膊、穿丁字褲，蘭嶼人怎麼應對？

　　蘭嶼人早已習慣了原有生活文化，丁字褲等傳統服飾也非一下能改變！父親看到當地派出所兩旁的樹都各自綁了繩子，散掛著各式衣服褲子。蘭嶼人在走過派出所前，都會先穿上褲子衣服，走過派出所後，立即把衣褲脫掉，掛在另外一邊的繩子上，代表「尊重」警察執法。

　　父親說當地的人非常純樸單純，那年代對數字計算的概念還

叛逆，成就精彩
只有想不到，沒有做不到的旅遊創意

不明確，漁獲分配也是共享：你一條、我一條、他一條、你一條、我一條、他一條計算到分配結束；香菸也是你一支我一支他一支⋯⋯不是你一包我一包他一包。「共享」是刻在蘭嶼人的靈魂裡。

　　父親不止告訴我們從台灣鄉鎮到離島的旅遊體驗，也述說帶著日本人遊台灣，甚至環遊世界的分享。小時候最期待父親說起看到的人文、歷史、生活文化跟趣味的事。其實在我小小心靈

蘭嶼的雕刻船，兒時的電視機，都留在記憶裡，現在只能在筆下重現。

裡，父親的見聞已深深打動了我，我也想到各個地區看看別人的生活，學學別人的文化，增廣見聞。帶著對世界的好奇，旅遊魂早已萌芽。

　　1978年，我就讀復興商工美工科，父親特別從歐洲帶了非常多的美術、博物館及藝術創作的精裝書籍，到現在還收藏著。這開啟我對歐洲藝術的另一種視角，提早在學畫過程裡，更宏觀地看到歐洲藝術文化及觀光產業發展，感受那些精緻細膩美好的文化。歐洲成為我心目中的藝術殿堂，而藝術，迄今仍是我持續追尋的夢想，這是父親給我另一個寶藏。

我跟父親都忙，難得父親節團聚，我特別定了一個雞蛋造型起司金蛋糕。
（圖／作者提供）

|叛逆，成就精彩|
　只有想不到，沒有做不到的旅遊創意

生活隨處是景點──最早的採果樂

　　大約在1977年，有回父親帶著三部大型遊覽車的旅客經過苗栗大湖，看到一大片草莓園裡，一位吳先生正在整理草莓園，父親停下車來跟他聊天，詢問是不是可以讓旅客們體驗到草莓園裡面採果？吳先生發揮所長，對遊客介紹草莓價值、營養及口感，讓旅客非常興奮，大家都想要到草莓園採果。

　　見到眾人躍躍欲試，吳先生雖開心，卻也擔心旅客進入草莓園，會破壞辛苦植種的果實。父親立刻建議可和旅客「約法三章」，請果農提醒採草莓注意事項，告知如何計價收費，讓果農不用自己採收就能賺到收入，又能滿足北部旅客的好奇心！

沒想到這個體驗的效果非常好！旅客非常開心！父親開始在報紙上推廣「到大湖採草莓觀光旅遊」，帶動一股採果熱潮。

讓旅客來採草莓，對農民來說可以省許多工，農民只要把草莓園的環境打理好，父親則負責行銷推廣，遊客享受採果樂又有產地直購價，皆大歡喜！隔年苗栗農會、大埔農會也看到這個商機與市場新需求，推動當地其他果農有秩序、有計畫性地種植草莓，投入觀光推廣，自此打造出一個以採草莓為主體的觀光勝地。

父親的言教身教留給我很多「創意旅遊」的想像，「大湖採草莓」只是其中一個案例。同時讓我學習到：不只有想像力跟創意力，更要構思如何去執行，「凡事靠自己」。父親的創作力、執行力與意志力，也都深深地影響我。

我的父親精力充沛，熱愛工作，喜歡說故事，這都遺傳到我身上，我們都在全世界趴趴走。2019年我們還上了同一個節目：《台灣演義》——台灣觀光史，分別介紹台灣前期旅遊和現代發

我和父親黃木龍先生在民視《台灣演義》「台灣觀光史」中分別接受採訪，播出後看到父子參加同一個節目，非常感動，好像爸爸開端，而我在後學習。（圖／民視提供）

展，父子在節目裡相繼介紹台灣觀光，也是一樁佳話。

千歲團的行走人生

我父親過世前一年已高齡90多歲，還帶著七、八十歲的老客人去日本旅遊。整個團加起來可以說是千歲團！

有個90多歲還能帶團的父親，讓我深知「年齡只是數字」，透過養生運動、注意穿著、保持活力，就能讓自己的外表和精神

父親從小就在我心裡播下了旅遊的種子，後來，我們一起為觀光造林。（圖／作者提供）

|叛逆，成就精彩|
只有想不到，沒有做不到的旅遊創意

超過許多年輕人，心境年輕，身體也會跟著年輕。父親是非常重視學習的人，我和他到日本工作，看到他每天保持閱讀習慣，赴日本各地買書，再重也背回來研讀。他在工作跟生活中的學習態度、求知若渴的精神，都深深地影響我。

小時候，他是我翹首期待團聚的父親；長大後，我到父親的公司上班，他是我的老闆；在觀光領域裡面，他則是我的老師。看到父親的工作熱忱、勤奮努力，還有對健康體能的重視，在我成長的路上，一直跟隨父親的背影。

父親的身影，是我永遠的仰望。（圖／作者提供）

02 不忘初心——母親的身教與言教

　　母親今年92歲了，如果說父親領我拓展生命的廣度，母親就是形塑我人格的深度。

　　從出生到現在，父母從沒有打過我一次，他們以身教和言教，影響我一生。父親因工作經常外出帶團，是我們遠望的英雄標竿；母親一路護持我們成長，陪伴我們走過青澀少年。春風如沐，點滴溫暖。

　　母親總是提醒：誠懇待人，寧可吃虧不要占別人便宜；我們家境清寒、生活要節儉，要有危機意識、有能力要多幫別人……。莫忘初衷、要積極、要勤奮；我們沒有別人聰明，多做少說，多聽多看多學……。母親這些話陪我成長，深深烙印在心裡，這些耳提面命的簡單話語，對我一生影響極大。

　　有人說，男孩要窮養，為的是養成堅毅拚搏的個性；母親雖在言語上頗多提醒，對我們的生活卻不曾匱乏。尤其作為家中的「屘囝」（ban-kiáⁿ，老么），小時候我就有一些「特權」，父母兄長對我疼愛有加！例如過年家裡每年會殺6隻雞拜拜，但媽媽會交代，這6隻雞的12隻雞腿，都要留給我，可以說我出生到

長大離家這段時間，兄長好像都吃不到拜拜的雞腿！哈哈哈！

（長大以後滿世界跑，不知道跟吃到這麼多雞腿有沒有關係？）

母親是非常聰明又有智慧的家庭主婦，個性內斂堅強，待人和善，懂得觀察變通。相較於讀過最高學府，學習能力超卓，又不停環遊世界開拓眼界的父親，母親學歷雖不高，但40歲左右還重回學校讀書！或許喜歡不斷學習、靈活變通是我們的家族傳統。

母親雖對我管教頗為嚴格，但也給予我無限包容和最大的支持。從我國中畢業能夠捨棄一般高中，按照自己的興趣去復興商工讀美工科，高三就能離家獨立租屋居住，也能看出父母對我的信任與肯定。

有一天，我在美國的兒子家裡，誇他雖然家裡空間大，卻整理得井井有條。兒子笑說：這是家學教養。看著兒子我忽然想到母親，社會快速發展，公民教育與家庭教育已經逐漸淡化，移居美國的兒子仍懂得節儉，懂得對家庭付出，懂得吃飯要在餐桌上，兒孫也養成等大家用完餐才會離開，那都是父母教給我做人處事，潛移默化，我再傳遞給下一代的「家教」。

從事旅行業，我們是最懂得服務的人。見到的人形形色色，比其他行業更多更複雜。我習慣表達前先考量別人感受，從沒想過對他人施詭計或占便宜。這都是父母教誨：誠懇做事，樂於助人。施比受更有福，我也因此得到福報，在生活與工作中遇到許多貴人。

小故事
我把家門拆了

小時候沒什麼零食，但偶爾能拿可回收的破銅爛鐵換麥芽糖餅吃。那時遠遠聽到收廢鐵的小販搖鈴響起，就會趕緊準備好家裡可以兌換的東西等著。有一回找不到可以交換的東西，我突發奇想，把家裡的大門板拆下來平放在地上，用螺絲起子把固定門板的五金軌道剷起來換糖吃！

「用這個換？」「對啊！」

看小販笑著，手法熟練地把麥芽糖裹在棍棒上，用餅乾一夾遞過來，我和鄰居小夥伴開心不已！

真心付出關懷，別人看得到；先伸出手擁抱，更容易獲得「回抱」。

母親從外面回來，嚇了一跳，家裡遭賊了嗎？怎麼連門都拆了！轉眼看我們坐在板凳上吃得正歡，一問才知道我幹了這樁「大事」。

按照一般鄉野片劇情，接下來該上演母親提板子追著小孩滿街跑的戲碼，但是母親真的沒有打過我，她只是拉我到跟前細細說明：你要換糖吃，後廚還有幾個空罐可以換；大門是防賊的第一道屏障，你把五金軌道拆了，晚上家裡就沒法關門了！沒辦法守護我們家！然後她連忙張羅找工人來把五金軌道裝回來，不用說，這個錢可比買麥芽糖餅貴多了。

這就是母親教導我的方式，循循善誘，不動氣，卻讓我一輩子牢記。

03 執子之手，與子偕老

都說一個想成功的男人背後，有一個偉大的女人。我很幸運有兩個。一位是前面提到的母親，另一位，是我的太太。

我就讀南門國中，從教室窗口就可以看到台北植物園一園綠意。年輕時難免青春恣意，看著窗外的明媚，心就飛出去了，西門町是我經常和同學一起玩耍的地方。那時西門町圓環附近地下樓有個書城，攤位很多，我也經常去逛。

國二有一次逛書城，看到有個穿著南門國中校服，笑起來很陽光的女孩在賣毛筆、書法等文具。我們很自然聊起來，原來我們同屆！

後來去西門町，總會去跟她打招呼，有時放假一起出去玩。去的次數多了，偶爾對上她父親審視的目光，難免緊張，我就假裝買毛筆。

從國二讀到復興美工，這段時間大概是我人生擁有最多各式毛筆的階段。

23歲時，覺得人生該定下來了，我們決定先成家。我父母非

叛逆，成就精彩
只有想不到，沒有做不到的旅遊創意

常喜歡她，特別為我們辦了場隆重的婚宴。我想也是因為愛，讓她願意拋開一切跟著我，走進未知的生活。

24歲那年，我們有了一對非常可愛的雙胞胎兒子。看著兒子一年年快速長大，在兒子童稚的「爸爸」聲中，更覺得一家之主要對這個家負起責任。我跟好友一起經營廣告公司，和學弟妹一起築夢，打造創意美學天地，多少有點想證明自己，也證明她的選擇——跟著我會幸福。

她是典型的顧家太太，任勞任怨，照顧我無微不至，她的世界不大，卻給我非常大的開闊空間。她是我全方位的生活工作助理，縱容我這個老么偶爾的小脾氣。我經常不在家，外出的行李也都是她打包，再一一提醒我什麼要注意。

我的薪水袋都交給她，她是家裡的財務長，有帳單需要支付，她二話不說，只是發揮商校畢業的本事，精打細算，年輕時也做一些家庭代工，守護這個家的經濟運轉。她是內斂而溫柔的人，但偶爾也會跟「婆婆」說擔心我的近況，我母親就會來提醒我。

我一直認為「愛要即時說」，即便是上了年紀後，我給她的貼圖也經常表達愛意。若說我稍微做到在旅行業有一點小小名

和太太於加州海岸公路合影。（圖／作者提供）

氣，是因為她讓我無牽無掛，放心全力衝刺工作和事業，她是我最有力的後盾。48年來，我們一起走過人生3/4的歲月，像兩棵大樹相互扶持，下方根系交錯，共同分工共撐起一個家。

真的，謝謝妳的愛與包容。

|叛逆，成就精彩|
只有想不到，沒有做不到的旅遊創意

04 教育與發展——藝術與創意

　　我對美術的興趣，或源自家中長輩的薰陶。家裡開過絹印工廠，還幫迪士尼代過工，小時候幾乎是被可愛的卡通人物圍繞著長大。我叔叔黃木郎也是復興商工美工科畢業，後來到舊金山藝術大學純藝術研究所（Academy of Art University，AAU）深造，現在是國際知名畫家，曾在紐約自由女神移民博物館、紐約林肯藝術中心及法拉盛市政廳、韓國釜山、法國巴黎、西班牙巴塞隆納等地舉辦過畫展，也是「尖峰畫會」發起人兼會長。耳濡目染下，我對繪畫一直有種情懷，彷彿來自基因裡的呼喚。

　　國中畢業後，沒有走一般的高中升學之路，而是毅然決定去考復興商工美工科，或許是我對傳統「升學之路」一次的小小叛逆，我想遵從本心，追尋熱愛的藝術。父母的支持，更是我大膽前行的重要後盾，在充滿愛的環境裡成長，無所畏懼。

父親說：我們來分家產

　　某天晚餐前，父親突然開口：快吃，吃完後我們上屋頂「分家產」。

那時我和哥哥還是國、高中生，聽到「分家產」，又好奇又興奮又期待……，舀了湯泡飯加速囫圇吞下，吃完上樓卻發現父親還沒到，我們又連忙下樓把父親請上來。

一家人坐定，父親看著我們略帶緊張的神情，緩緩開口：「今天開始，不管你要學什麼才藝，都可以提出來！爸爸都買單！我要分的家產，就是給你們『一技之長』！這個財產，是一輩子用不完的！我會找到好老師訓練你們，讓你們掌握這永遠的無形財產。」

「要是學了以後，腦袋撞到，把學了的都忘了怎麼辦？那就沒有家產了！」

父親反應也妙：「要是真的撞到頭變笨了，我就算給你錢，你也花不了！」

這次「分家產」讓我至今難忘，我不僅分到對未來的憧憬，也分到幽默的力量。

高二時，我開始跟隨施並錫老師習畫，那對一般家庭來說是一筆不小的開銷，足見父母對我們的用心。我也真的得到一份永遠用不完的財產。

復興美工紅外套，美學之路

　　如願以償考進復興商工美工科，成為叔叔的學弟。那年復興商工美工科正好改制服，改為紅色絨布西裝外套、白色大領襯衫和灰色西裝褲，與其他科系服裝的藍色夾克大不同。走在路上，穿紅外套背著畫板的身影非常吸睛，也從這屆開始，復興商工美工科被暱稱為「紅外套」同學。這一屆還是首屆「男女合班」，連老師都要重新適應學校氛圍。學校改頭換面，我幸運地成為第一屆穿上紅外套西裝的學生。

　　美工科要學十八般武藝，從工筆、彩繪、絹印、攝影、油畫、平面設計、雕塑、雕刻、噴槍……都得鑽研！尤其那一個沒有電腦的時代，一切都靠手上真功夫，老師教學也特別嚴謹。高中生心性浮動，免不了一面畫，一面和同學閒聊，就聽到老師在上面喊：「黃信川，少說話，多畫畫！」迄今偶爾耳畔還會聽見當年的迴響，既提醒我專注當下的筆，也提醒我慎言篤行。

　　美工科課程紮實，奠定我的美術功力，高三時，因為不想繼續在平面塗鴉，我從2D的彩繪轉到雕塑組，主攻人體雕塑。這些對美學技法的訓練，讓我習慣思考，看到任何東西都能捕捉到線條、陰影與凹凸面，從結構入手，探索我更感興趣的整體。

只是當時不會想到，高職到現在用得最多的工具，並非畫筆而是麥克風；但學習藝術繪畫時的觀察、構圖、布局等訓練，讓我更懂得如何「描繪」情境，來講述我源源不斷的創意想法和故事，讓人身歷其境。

少說話，多畫畫！拿出作品，比你說什麼更重要。

別找人了！從繪畫跳到廣告

高三那年，我自覺「長大了」，該為自己負責，於是在父母同意下搬離家，住到永和秀朗路學校附近，租了間近50坪的房子。這麼大的空間閒置可惜，我找學弟妹共同開設畫廊。學弟妹搬來石膏像，成立畫會，共用空間學習。這時期建立的人脈，成為我後來開廣告公司的資本。

當兵前，我在知名廣告公司打工，也對這個產業稍有瞭解，退伍後，我和兩位朋友合資開起廣告公司，帶著學弟學妹一起打拚，學弟妹接案做設計為主，我的工作卻是「找工作」。

為了養活公司和學弟妹，我每天要讀三份報紙，看到有美術、設計的相關工作需求就圈起來，直接去「求職」。這求職方式也和一般人思維不同，我不是去應徵，而是請招聘公司「別找

我讀復興美工時是首屆換裝成「紅外套」，40年後同學翁國鈞傳來老照片，猶記當時年少。（圖／翁國鈞提供）

人了」！我會先瞭解對方有什麼樣的廣告需求後，再告知我的公司有近20位又快又好的復興美工高手，各有所長，很樂意提供服務，客戶再也不用擔心找到一個不適任，又要換下一個。

也許我的態度夠誠懇，跑得夠認真，復興美工的招牌也夠亮，大約每跑10家就會有8家願意把美術設計的工作交給我們，作好手邊的案子，客戶又會發新的來！若是手邊案子結得差不多了，我就再出去「找工作」！

主動出擊，生意就作不完！這段時間，我也練就了陌生拜訪的好口才。

跟隨父親腳步：生命轉彎處

那時父親在建安旅行社當董事長，生意蒸蒸日上，但我們兄弟仨卻各有事業，沒人想接手。父親非常希望我們有人接班，叨念多次，我最終決定把公司結束，到父親的旅行社上班，從最基層的業務做起，跟隨父親進入旅遊產業，從旅行社業務到國旅帶團，轉戰各部門。

不過，工作之外我仍未放棄繪畫，週一到週五晚上，我還會去連鎖髮廊授課，等美髮店8點半打烊後，教授美髮師「髮型素

描」，甚至還出了一本精裝本的套版髮型設計書給設計師參考！週六、日也到社區教小朋友油畫，這樣持續大約4年，直到開始帶團出國。

父親帶團是很有策略的，他在遊覽車上常以日本歌曲教學開場，自己先唱一遍，然後帶著客人唱，透過歌曲內容延伸出今天旅遊的景點和故事，引人入勝。我跟著他也學習很多！導遊領隊不是說學逗唱就行，還要有對當地文化的深度瞭解！

有回我跟著他去日本踩線，走進店家後，店主看我們認真打量環境，一問之下知道我們是旅行社，立刻說要給我們打八折！父親連忙推辭，言明只是來先期考察，不一定會真的帶客人來！那位日本友人正色說：我不是因為你們要帶客人來才給你們折扣！旅行社是「社會教育工作者」，非常重要！我是因為敬重你的工作，才想幫你打折！

這件事讓我相當感動，原來旅行業是這樣有價值的工作！別人敬重我們，我們也要更敬重這份工作！

1983年，我考上國際領隊執照，開始帶團到國外旅遊，人生正式從安靜坐下來畫畫，轉換成跑遍世界拿著麥克風說話。那時台灣剛開放出團旅遊，最常帶的團是12天跑馬新菲泰港5個國

家，至少跑了30、40次！以及當時很熱門的大美西等，正式讓我打開全球旅遊視野，隨著父親的足跡，走向世界。

尊重自己的工作，旁人更會敬重你的工作。

世界很大，直到現在，我從未停止探索的腳步。

CHAPTER 2

創意觀光點子王

所有創意想法的背後，都有團隊共同發想、構思、推廣、落實。感謝這一路同行的所有夥伴！沒有你們共同參與，這些故事不會這麼精彩！

從美術創作到踏入廣告公司經營，再經歷旅行業務、帶團、瞭解旅行社產品規劃思維和旅客需求，在旅遊產業做起行銷，似乎也順理成章。我喜歡做點「不一樣的」，讓人眼前一亮和深刻感動的旅遊體驗，透過媒體報導造成迴響，常常一不小心就「玩大了」，吸引許多旅客參加。像是金門辦年貨、太麻里迎曙光、阿里山夜未眠⋯⋯等。

也許因為這些還算成功的例子，讓許多人覺得我創意十足。但只有「創意」是不值錢的，靈光乍現的巧思可能很多人都會有，但不見得能落實到行動。真正具有挑戰性的是把這些想法化為可進行的方案，就像雕塑一樣，先有概念，再捏揉或打磨成心目中的樣貌，變成一個大家喜歡的作品。

更重要的是，所有創意想法的背後，都有團隊共同發想、構思、推廣、落實。感謝這一路同行的所有夥伴！沒有你們共同參與，這些故事不會這麼精彩！

一個人無法完成的，團隊可以！問問自己：誰是你的團隊？

賦予作品靈魂的15字心法

做了40多年的觀光產業，最常提到的發展可能是「觀光產業升級」。很多人問我，所謂「升級」，究竟怎麼「升」法？有幾個關鍵字，供大家參考。

「食宿遊購行」是旅行途中最根本的組成，對這5項服務要求的質感高低，構成旅遊的「品質力」。

「人事時地物」是故事架構的根本。旅人總期待聽見有趣故事，發現有價值的事，打開新視野；這五件事的故事力是真正吸引旅客出行的主因。

「視聽嗅味觸」是我們對外界接觸與感知的主要途徑；想營造出獨特氛圍，滿足這「五感」的沉浸式設計，讓遊客樂於參與甚至分享，可說是「品味力」的展現。

食宿遊購行、人事時地物、視聽嗅味觸，這15個看似非常基礎的概念，彼此緊密相連，既是遊程的基礎框架，也是產品的個性所在，千變萬化！以創意和設計過的體驗流程，把品質力、故事力和品味力全面提升，同中求異，交織出特有的文化與內涵，才能從「產品」概念升級為「作品」。

我認為旅遊不只是商品，更是生活藝術，是有靈魂、有故事的，旅人走過能感知其獨特，說得出感動。跳脫千篇一律，創造有感文化體驗，讓每趟旅程都是累積旅客豐富生活的精彩篇章。

如果堅持獨特是一種叛逆，「雖千萬人，吾往矣」！

用對心法，想像力與創造力，可以給你一雙翅膀。（圖／作者提供）

叛逆，成就精彩
只有想不到，沒有做不到的旅遊創意

05 旅遊行銷初試

30幾年前，出國還是以有錢人為主，那時報紙仍是主要的行銷通路，台灣民眾出國旅遊，訊息多半來自報紙廣告。如果要開發新客源，還有哪些人會因為特定原因出遊呢？

我想到了度蜜月的族群。

蜜月客群？先找印喜帖的！

結婚就有蜜月假期。為了人生多半只有一次的蜜月，選擇多花些錢出國的意願更高！雖看好蜜月市場的潛力，客源又該去哪裡找？

腦筋一轉，我想到印喜帖的公司。要在眾人恭賀下開心結婚，就得辦婚宴，總要寄喜帖邀請親朋好友！跑了十幾家印刷喜帖的店家後，意外發現他們大多只提供兩個版本套版印刷，樣式還都一樣！原來這些店家也是通路，真正印製燙金喜帖的是萬華兩家印刷公司！

當時還沒有「個資」的概念，我透過這兩家公司取得一些客

戶資料，每週以「市場調查」的形式，聯絡6、70對新人：

「請問是陳先生嗎？為推廣蜜月旅行，我們正在做市場調查；請問您或您身邊的人有沒有正想規劃蜜月旅行的呢？我們對蜜月旅行的規劃是……。」

鎖定精準客戶的好處，是回報率相對高；打10通電話，就大約有1、2對成行！主動出擊，與傳統旅行社倚靠在報紙上刊登廣告的行銷方式不同；在繪畫構圖和廣告行銷的訓練積累，讓我更擅長以結構化拆解客戶需求，探知新客源市場，進而協助公司業務拓展新版圖。尤其新市場競爭對手不多，更能幫助公司降低成本，增加獲利！

蜜月市場行銷的成功，讓我信心倍增；我開始加大與觀光產業以外的異業合作，加上復興商工許多從事廣告的學弟妹幫忙宣傳：我有個學長在旅行社，行銷很厲害！還有老客戶口碑推廣，慢慢打出知名度。

開展生命跨度，萬事可合作

不過，再厲害的行銷人也有「眉頭一皺」的時候，某天有個特別的產業來找我：

「我們是做生命空間的公司，主要是賣一個盒子和園區空間；有人往生後，把骨灰放進盒裡，子孫可以來園區緬懷。」

乍聽之下，我有些挫折感，那個年代，提到死傷病都是忌諱，談個「保險」或給張「白紙黑字」的宣傳單都會被白眼相對，兩個行業要怎麼跨界對接？

耳邊又聽客戶直誇：「聽說你很厲害，什麼都可以合作？」

這句話激起我的挑戰慾。但決策前總得先對情勢有明確瞭解，便回答：「讓我想想！不過希望先去看看！」

一到現場，發現園區園林設計極美，風光絕佳，左青龍、右白虎，面海背山！場域裡還有許多雕塑大師和學生的作品！美術科系出身的我，對雕塑大師引領風潮的作品非常有感！園區位於北海岸，還有野柳、金山、海洋公園等旅遊亮點，加上客戶的理念相當先進，當下就說：「太棒了！我們絕對可以合作！」

回去仔細想了想，我又打電話給客戶問：「請問您有預算嗎？」
「我們有預算，缺的是精準客戶！」
「想要多少人？」
「最好有3,000人左右！」

有預算好辦事，我設計了一個北海岸旅遊專案，上午帶旅客到北海岸及海洋公園旅遊；下午參觀生命園區探訪、聽導覽、介紹地理環境。我和客戶簽約備註：來的人如果是50歲以上的，園區補助旅費；50歲以下的，由我們付費。那時平均壽命是60多歲，50歲退休後，還有10年左右可以好好享受人生，有錢有閒又有長遠思維的退休旅客，正是客戶的主要客群。

　　確定執行後，我寫了篇3行近百字的新聞稿，推薦北海岸之旅：上午逛野柳與海洋公園，中午吃海鮮美食，下午參觀風景優美、有大師及學生雕塑造景的全新生命園區。如果是50歲以上的人報名，只要付售價的2折！報社一登，電話不斷，不到一週就有3、4千人報名！都是50歲以上的遊客！

　　其實這高達80%的折扣，是由合作客戶支付，等同支付精準行銷的費用。旅客支付的20％則是我的毛利，這次合作為園區帶來精準客戶便於後續聯繫，也為我父親賺到一桶金，來的旅客有吃有玩又學到新知，全程零投訴，可說三贏！

　　幾年後，大哥終於回來接父親的公司，我自覺還是對行銷情有獨鍾，於是離開父親公司，想「玩點大的」，中間也經歷過2家旅行社，對旅遊產業更瞭解。後來受到雄獅董事長王文傑力

叛逆，成就精彩
　　只有想不到，沒有做不到的旅遊創意

邀，走進批售旅行社的世界。當時公司全台約有340人，頗具規模，北中南都有據點，服務面更廣，還要考量到全球市場和旅遊產業鏈，感謝王董事長給我充足的空間和信任，讓我放手嘗試，一起「玩」出後來許多的新鮮事。

決策前先對情勢有明確瞭解，再決定應對。

登玉山，挑戰台灣第一高峰

玉山，台灣的第一高峰，你攀登過嗎？

1996年，有位登山社社長朋友跟我說：百岳中，最簡單的就是玉山主峰，我非常驚訝：這是真的嗎？他說，玉山完全是健行路線，只有在最後一段要攀鐵鍊上去，聊了幾次又看了圖片，他答應帶我去，還說有山青可以幫我背背包。我笑說「哇，那不是輕輕鬆鬆，攀越高峰！」他笑說，這句話說得太好了！

我想或許有機會把登玉山觀光化，變成國旅和入境遊客都可以體驗的行程，於是找了30幾位媒體記者一起上去。我們從東埔停車場走到排雲山莊，從早上7、8點走到下午4、5點。雖然有山青幫忙背行李，沿途鼓勵「轉個彎就到了」，但實在有太多「彎」！走到快天黑，所有的媒

體都到了，六菜一湯端上桌，我才終於爬到山莊。吃完晚餐，因為燈光管制，吃完晚餐就熄燈入睡。當時是冬天，有些飄雪，睡到半夜感覺有些頭痛，走到屋外一看，原來不只是我，大家都有些高山反應，無法好好休息。

凌晨3點多，大家就準備出發了。一路登山前行，走到最後要爬鐵鍊的路段，我已經累到快要放棄，正猶豫著回頭望，後面有位扛著攝影機的大哥喊：不用等我們，您先上去吧！這一喊，我也只能咬著牙繼續爬，可以說，他是我攀登上玉山的貴人。

跟跟蹌蹌登上玉山，望見制高點石碑，疲累至極的我還沒有什麼感受，只想：終於到了！但往山前一看，我幾乎快哭出來，太陽快「生」出來的那個瞬間，把廣闊的雲海染成紅色，當紅日跳出來，照亮整個世界，雲海從紅色轉成金黃、盈白，天地大亮！我瞬間動容，感覺到自己像螞蟻一樣渺小，能站在台灣最高峰的最頂點上！無比震撼！當時就告訴自己，身為台灣人，一輩子一定要爬一次玉山！

感動之下，也不管當時才4、5點，我就打電話給妻子，跟她說我在玉山頂上！超感動、超震撼，睡夢中的她被喚醒，念了我一句：「這麼早！神經病！」就掛了電話。這印證一件事：如果不是親眼所見，不會有這些感動！我決定推廣玉山旅遊，真的讓更多人來感受玉山之美。雖然同行夥伴都說累翻了，卻也都回饋非常震撼，累得值得！

親身走過，才知艱難！後來我把「登玉山」推廣主軸改成「征服自我，超越巔峰」，媒體報導後，一年就吸引上千人報名挑戰，雖然要經過抽籤，但我們都提早作業，送上完整名單，也增加抽籤機會，讓更多人能夠體驗玉山之美。

　　這件事給我一個感觸，旅客不一定要輕鬆旅遊，也可以有「激勵型」的體驗。當時玉山上的風極大，連記者來採訪麥克風都跟著風勢搖晃，即便是這樣困難的行程，還是有人願意挑戰，後來我又帶著電視節目拍攝團隊和藝人「鐵頭」汪先生再登一次玉山，那時也是下大雪，環境惡劣，但每次攻頂都令人感動不已。這兩次的攻頂也提醒我身體健康的重要性，我開始調節飲食、健身，改善身體機能。

　　誰說旅遊體驗一定是要「輕鬆簡單」！征服自我或超越巔峰也是一種選擇，運動觀光正蔚為風潮。

登上玉山，是每個台灣人一生至少要有一次的體驗。（圖／作者提供）

06 亞大部，切入大陸市場

1995年，我應王文傑董事長（下稱王董）邀請，加入雄獅旅遊，開始參與大型企業管理及直、批售市場新領域，也接觸到更大的旅遊版圖。我當時成立亞大部（亞洲：港澳大陸）擔任協理開拓市場，這對喜歡嘗試新鮮事的我來說，是非常有趣的挑戰。王董非常開放，也接納偶爾喜歡跟市場唱反調的我，讓我放手嘗試，他交付的許多挑戰，也成為我學習新事物的新畫板，交出一些自己還算滿意的答卷。

從傳統旅行社來看，我算是有點「跳痛（Tone）」，跳開市場慣有思維，精準跳在客人的痛點上，出手解決。找到「解決方案」，等同找到「鑰匙」，可以打開一扇新的大門，解鎖寶藏，這是成功的關鍵。

1996年，台灣民眾到大陸旅遊已十分活絡，不過因為還沒有直航，還得經過第三地中轉，或經香港、或經澳門，或者經小三通前往，台灣旅客到大陸旅遊也以長天數為主，10天半個月橫跨多省旅遊是常有的事。

能夠長天數旅遊的，不是老兵就是退休旅客，年紀多半較

|叛逆，成就精彩|
只有想不到，沒有做不到的旅遊創意

長。那時從澳門中轉到大陸的航班非常多，一天就有30、40班，飛往北京、上海、廈門都各有5、6班，非常密集。為拓展大陸旅遊市場，公司爭取到代理澳門航空在台銷售，並成立澳門航空旅行社，運用澳門航空密集航班，從台北飛澳門再轉進大陸，時間可以一下子縮短，變成5～8天的遊程，和東南亞遊程相近。這也讓大陸市場有降低年齡層的契機。

全澳門最晚的早班機

澳門航空每天往返台北－澳門，但飛機不會在台過夜，飛機一早從澳門飛來台北載運台灣旅客到澳門中轉飛大陸，晚上把在澳門轉機的客人送回台北。一般商旅都喜歡搭乘「早去晚回的航班」，這樣一來，早上7點飛澳門－台北的早班機，和22:20從桃園機場起飛、凌晨00:20抵達澳門的晚班機往往是空機往返，幾乎空了一年，非常可惜。

王董問我：有沒有辦法活用這兩個航班增加盈收及載客量？

接到任務後，我先「催眠」自己：王董給是我全世界最好的航班！要怎麼賣？客戶是誰？

仔細評估，這兩架航班是澳門最「早」的早班機和最「晚」

的晚班機！要吸引旅客搭乘，票價非常有競爭力，而且澳門飯店品質佳，房價便宜，我先規劃「買機票送一晚5星飯店住宿」及機場免費接送，讓旅客深夜飛抵澳門，第二天早上可以快速從珠海拱北關轉飛大陸。對商務客來說，下班後輕鬆帶著家人飛抵澳門，想要去賭場小憩或美美睡一覺都可以。充足的睡眠讓他有更好的精氣神去拜訪客戶或參加會議，非常有利。同理，早班機也行銷「一早返台」，可以少請半天假。這改變了傳統一早出門，晚班回台的搭乘習慣，開創了新的旅宿體驗。

過往旅客多半早上9點從台北起飛，但加上預留通關及候機時間，旅客大約需清晨5、6點出門趕赴機場；抵達澳門本島時，大多已近中午。若是選搭有機＋酒套裝服務，搭配「送澳門酒店住宿」的澳門航空夜班機前往，等於是搭最晚的「早班機」在凌晨抵達澳門，也許還可以少請一天假！初期我們甚至安排從台北到機場的遊覽車專車接駁，讓旅客無憂出行。推出2個半月左右，這兩個航班都爆滿，且連續四、五年熱賣。

找出對消費者有利的點，加上一點包裝，就能反轉市場的慣性思維！

長江三峽逆水行舟

跨界行銷的背景，讓我可以有許多想法，挑戰傳統旅遊業思維，抓出亮點來吸引旅客。

記得我正在台灣推廣台灣陽明山國家公園旅遊，看到大陸也快速推進國家公園建設，於是以「國家公園」為亮點，主打「中國第一座國家森林公園」——張家界國家森林公園，遊程輕鬆又集中，飽覽自然美景，遊客迴響熱絡，一個月就走了上千人。

那時長江三峽以「跨世紀之旅」為題推廣，頗受市場歡迎，台灣專做大陸旅遊的老牌旅行社把高級江輪都包了，從重慶到宜昌順流而下（俗稱「下水」行程），全程含食宿，三峽之旅大約3天2夜可以走完。這條路線兼有美景和歷史故事，很值得推廣，但船位問題無法解決，要怎麼破局？

我跑到船公司直接問還有沒有船位。船公司回答：我們都被包走了！明、後年請早。

我不死心：「那倒過來走，從宜昌到重慶，還有沒有空間？」

船公司非常驚訝：「你確定？台灣沒有人這樣做的！」

原來不用擔心有沒有位置，每一艘都是空的！

「假設我每艘包上100個位置，你費用怎麼算？」

「給你半價吧，原本是空船回頭。但要提醒你，逆流而上時間更長，航程至少要4天3夜！」

慢行！那真的是太棒了！變成多住一晚，價格又便宜，當然要！而且不用爭取「包船」，我們想要哪艘都行！

另一方面，我的飛機機位也剛好跟其他業者逆向！別人要從重慶進、宜昌出；我倒過來走，機位取得更容易，價格也低！堪稱是雙向加分大利多！

回台後我跟同事分享：順流而下，船走得飛快，想看景點可能還來不及拍；現在改走宜昌到重慶的「上水」行程，想要拍瞿塘峽、巫峽和西陵峽這些三峽地標，或是岸上懸棺、沿途村莊景致……都有更多機會！我們是來欣賞風光，不是來趕時間的！現在我們多玩一天，價格又可以下修2千元，客人會怎麼選？

「上水行程」推出後果然大賣，一個月就走了2、3千人！這讓許多資深大陸線業者大跌眼鏡，我們搶得先機造成一波熱潮，半年後其他業者紛紛回頭來爭取上水的船位。

長江三峽的豪華郵輪不斷升級，舒適度越來越高。

　　這段時間我花最多時間溝通的是內部旅遊同業（B2B）的同事。也只有同事知道其中的利基，才知道怎麼跟外部溝通、推廣。在與業界交流的過程中，我深深感受到「內部溝通」的重要性。常聽說有些旅行社老闆拍板遊程後，行銷開始推廣，但接電話的業務卻不知道有這樣的優惠或商品，在接單第一關就被擋下來：「我們沒有這個行程啊？」還得要客人剪下報紙宣傳，傳真到公司業務才確認「真有」！

　　老闆決策快速執行，第一線人員卻差一點毀掉前面的努力！這讓我後來一直很重視內部的溝通。團隊有共同的理念和思維，才能夠「勁往一處使！」

　　顛覆市場的遊程，得先讓同事知道差異化與利基所在：我們為什麼能贏？

前進大陸的戰略思考

兩岸交流日益熱絡，旅客往返頻繁。兩岸民航終於開始對飛，逐漸增班；台灣人到大陸旅遊，或大陸居民來台旅遊都逐步增加。

看到大陸旅遊市場蒸蒸日上，快速發展，公司也積極發展大陸商旅市場，我也和公司團隊到澳門、北京、上海等地設立分公司。

一開始只是為了直接採購元件，藉由直接接觸到酒店等供應商，掌握市場樣貌。團體還是交給地接社合作；後來各地台商看到公司進大陸市場，還是「熟悉的品牌、信賴的感覺」，紛紛找來，跟我們訂機票或安排探親旅遊接待，量大到接不完。

「台灣人服務」也贏得好口碑，讓我們和更多大陸業者有非常好的互動，另一方面，我們也透過台商協會的協助，認識更多台商在地合作廠商，在大陸也展開更多樣的旅遊服務。當時公司已經在歐、美國際市場開設多個分公司，也開始嘗試經營大陸的入境旅遊接待。這段期間，「全球送客、全球地接」的概念，已有雛形。

也正因為我們直接到大陸推廣，和許多大陸國家及省市旅遊局、景區等交流的過程中，他們看見台灣業者的奇思妙想和創意，也非常佩服我們團隊的領先格局，像是結合內容Content、社群Community、商務Commerce串聯的3C行銷理念、數位發展、創意行程等，經常邀請我參與活動，這段期間我幾乎跑遍大陸每一個省分，分享台灣觀光推廣的一些策略和經驗。

參與活動是一次就能接觸人量官方及觀光產業代表的難得機會，讓更多大陸朋友看見台灣有個實力堅強的旅遊企業，在交流過程中收穫許多友誼，成為策略夥伴，許多旅遊局和業者也探詢跟我進一步合作的機會，詢問要怎麼吸引台灣人到大陸旅遊？

靜下來思考，我們左手握有地接資源與脈絡，右手掌控市場需求，還能夠直接送客。看到這些機會，我開始評估：我們還有什麼能做的？

07 產官學媒整合推手——JWI

2004年，我接手行銷部，那時公司有多媒體、影視公司等更多的資源可以運用，也有更多的挑戰在等待。

當時出境旅遊業者不太創新遊程，因為大家都有自己的地接社資源，只要拿到別家熱賣的行程，就可以賣一樣的產品。旅行業多直接賣地接社提供的行程，產品太容易複製，競爭者不需要「開發」，只需照搬就行！同事還碰過業者「完全版拷貝」，連我們不小心打錯的標點符號，都一併複製過去。

拷貝行程當然很快，但相對的「操作細節」就沒那麼容易複製，我們一面用良好服務建立優質品牌形象，一面堅持產品玩法創新。深思熟慮後，我向董事長報告，提出行銷不應該只做「產品創意」和「自己花錢推廣」，應該還有更多「整合」的空間。

或許有什麼方式，能讓大家都獲益？

2007年，在董事長大力支持下成立「JWI傑森全球整合行銷公司」，開始新的跨界整合，以集團力滿足市場供需。從觀光源頭——各國官方政府旅遊局解讀「趨勢」，以新建設、新遊程、

新體驗的策略高度，整合觀光產業的食宿遊購行，再提出行銷模型策略，推動目標市場改變，啟動產業的供應，同步提供消費者新的玩法，在官方政策協助下，長出全新的「旅遊樹」，開枝散葉，開花結果，蔓延成一片森林。

創意變生意，創新變黃金

多年和國際間觀光旅遊局和觀光推廣單位長期合作，看到旅遊局對創新推廣的期待，也看到市場對新產品帶動新話題的渴求，從客源地到目的地，兩方站在峽谷的兩側對望，中間卻始終少了一道穩固的連結，於是，我們搭起友誼的橋梁。

各國旅遊局經常委託廣告公司在台舉辦行銷活動，這些廣告公司爭取到案件後，也會在客源地舉辦行銷場次，但他們對產業鏈整合需求未必瞭解，合約結束後，就無以為繼，沒有旅行社根據推廣內容來設計行程；我觀察到全世界的旅遊局都想推新景點、新建設或創新遊程，但旅行業者擔心銷售成果，未必敢貿然推廣旅客陌生的新景點；即便有少數旅行業者願意率先嘗試，若是市場行銷的力度或聲量不夠，也推不起來。

有集團作為後盾，JWI可以運用旅遊局的資源，滿足市場創

新的期待；讓創意團隊做好對外行銷，也讓旅行社做好接送客，這一次，我們不怕抄襲，更歡迎共同推廣，甚至成立PAK（聯合營銷）的形式，邀請旅行同業共推，人多力量大！

市場需要新話題引起關注，我們也需要新產品持續更新，旅遊局更需要新客源湧入，這是一個漂亮的供需三角形。

JWI成立後，第一站先到大陸山東交流。那時兩岸旅遊氛圍良好，山東旅遊局對台灣市場非常關注，台灣又有許多山東老鄉，旅遊團非常熱絡。我們跟著旅遊局的腳步，重新瞭解山東旅遊的最新變化，重新認識山東。傳統山東旅遊只以曲阜的孔廟、孔府、孔林這「三孔」或泰山等地為主軸，沿海旅遊並不興盛。

我們跟著旅遊局重新探索山東，看到比人頭還大的「山東大饅頭」；口感清甜，蔥白特長，跟人比高的蔥中之王「章丘大蔥」等令人驚奇的美食，也瞭解青島的和諧號子彈列車（動車）以時速230公里的速度往返青島到濟南之間，只需要2.5小時，還可以一路延伸到北京；山東沿海有多個高爾夫球場，像是龍口市的南山國際高爾夫球會，下轄屬兩個俱樂部，總計有225洞，號稱世界最大的高爾夫球場，打3天也打不完！中國第一個高爾夫球場就在威海劉公島上……山東還有超豪華的溫泉，園林裡多樣

化湯池和先進服務都令人大開眼界。這些令人驚訝的亮點，讓我們大呼「山東大不同」！

　　回台後，產品部同仁以「山東大不同」為主題加大推廣，讓「好客山東」從古蹟為主的遊程，增添了許多沿海度假的新嘗試，主推出沿海城市的黃金海岸線、探索齊魯文化、遊覽水鄉文化，還有高爾夫球之旅和青島單點5日深度遊。由於產品創新，

山東省沿海高爾夫頗負盛名，像是三面環海的威海錦湖韓亞高爾夫俱樂部，可說是「洞洞見海」，綠意海景完美結合，屢獲殊榮，即便是冬天也有特別的韻味。

跳脫以往山東旅遊以古文化為主體的推廣，讓旅客眼睛一亮：原來山東也可以這樣玩！有商品、有價格，遊客心動後可以馬上行動的推廣方式，後來我們還把行李吊牌設置成行銷版面，讓山東旅遊跟著旅遊團飛到全世界的行李轉盤，被更多人看見。讓山東省旅遊局的投入迅速化為送客人數。山東旅遊局也看到旅遊人次增長，又是一次成功三贏。

公司從線上推廣向區域服務深耕，在重要城市設置據點，讓更多旅客就近感受到公司鄰近的服務，對積極在台行銷的大陸各省旅遊局而言，可以直接導購又兼具行銷推廣的門市，恰是最佳推廣場域。

我們比照策展概念，推動旅遊局在台灣設置「推廣中心」，運用場域空間把部分門店加上特別裝潢，營造成「專門主題店」

公司與大陸山東省合作，在台灣推廣。

|叛逆，成就精彩|
只有想不到，沒有做不到的旅遊創意

從山東到福建，許多省市和JWI展開合作。

形式，讓旅客一走進門市，就能夠從特殊裝潢的氛圍和現場播放的影片介紹中，領略到該省或城市的風光。

有些門店的特裝，是從屋外就開始規劃，走過就會受到吸引，既能有效加深城市和省分的旅遊印象，也為門市帶來新話題與新商機。有些店中店「啟用」也搭配相應的行銷活動，像是趣味活動、打卡牆等，遊客更容易被門市的氛圍帶動，進門參與、詢問細節的同時，也間接加大對目的地的印象。

4、5年的時間裡，我往返大陸一百多趟，其中山東就有10幾趟，和旅遊局深度交流。從山東濟南、青島、浙江杭州、蘇州、廣西桂林……一路開拓，越來越多大陸省市共同合作，多管齊下，增加「大陸旅遊創意品牌」的知名度。後來我開始轉戰國際市場，結構完整、穩定發展的大陸市場就交給年輕主管接棒開拓。

行銷微電影——拍進好萊塢

跨國觀光合作的微電影分享。

　　那幾年精彩案例不斷，集團本身也有影音媒體力，2012年我們和以色列合作，拍了一支微電影：《Shalom的旅程》。請到新加坡女歌手Olivia王儷婷擔綱飾演女主角小愛，和以色列男演員David飾演的小學老師在以色列有一場難忘的邂逅。這是首次由台灣與以色列政府觀光部跨國合作的微電影，除了民眾所熟悉的耶路撒冷等宗教景點外，也展現以色列親切人民、現代市容和死海等壯麗的自然景觀。

|叛逆，成就精彩|
只有想不到，沒有做不到的旅遊創意

全長35分鐘的《Shalom的旅程》分成7集，每天在Youtube平台及以色列活動專屬網站固定播放5分鐘片段，帶動討論與話題關注；通路觸角還延伸到電影戲院前的影音廣告和雄獅運通的大巴上播放，並與台灣兩大基督教媒體平台：基督教論壇報和新眼光電視台合作，全面加深「陽光以色列」印象，藉此吸引台灣民眾對以色列旅遊的嚮往。

片名裡的「Shalom」是以色列人日常生活打招呼用語，是希伯來文「願平安與你常在」的意思。這部由陳信宏導演拍攝的電影非常精緻，不僅入圍第六屆全球華人非常短片百強影片，甚至還獲頒「好萊塢TCL微電影節最出色攝影獎」。結合遊程推廣、活動網站持續宣傳、粉專「寫信給上帝」活動、欣講堂達人講座及欣傳媒相關報導，讓以色列旅遊大幅增長。

全心投入旅遊業，也讓我有機會接觸政府高層，說明我們推展台灣觀光的理念。

福隆海灘跑到夏威夷

JWI成立，原本就相當看好國際市場需求。我們陸續與香港、新加坡、泰國等多個國家觀光組織（National Tourism Organization, NTO）合作，甚至直接代理夏威夷旅遊局在台行銷。

JWI並非只有品牌推廣和遊程設計，而是可以覆蓋從同業合作（B2B）到直客（B2C）行銷，我們瞭解觀光推廣需求，如果有好的產品主題能被更多業者學習參考，也就更能夠吸引台灣旅客關注，帶動好的旅遊風尚。對旅行業者來說，能運用旅遊局的資金，去影響整個台灣旅遊型態，是個客源地和目的地共創多贏的極佳典範。

以夏威夷旅遊局為例，一連串推廣包括2015年邀請楊一展代言，推出夏威夷「16跟」百萬 Slogan大賽，並在貢寮福容福隆大飯店附近的海灘，以「沙灘」、「海浪」、「比基尼」元素，舉辦別具異國風情的熱鬧「夏威夷路跑」，以夏威夷風情，吸引5,000多位民眾參與；2016年同樣舉辦了夏威夷路跑，並邀請當時正紅的林心如代言；2017年以夏威夷名義贊助台灣男子半職業籃球聯盟SBL超級籃球聯賽，強化與運動的連結，2018、2019兩

年，則在華山1914文化創意產業園區舉辦夏威夷文化節。

2015年的夏威夷馬拉松官方網站，創下將近70萬的網路瀏覽量。約有1,143句Slogan投稿，讓更多人認識了夏威夷浪漫、時尚、療癒的一面，複賽時透過FB「按讚」、「分享」發表31支影片，總分享數超過10萬，最後10組進入決賽。在社群媒體及網站引起高人氣討論及100則以上媒體報導，觸及全台約250萬人次。運用夏威夷官網行銷，雄獅也和鳳凰、東南、可樂、易遊網、上順、百威、喜鴻8家旅行社，一起送了許多旅客到夏威夷旅遊。

JWI代理夏威夷旅遊推廣，推出路跑與文化節等豐富多元的活動。

小故事
「阿爸的香榭大道」與我父親的緣分

2013年，JWI、欣傳媒和國泰世華銀行合作，拍了一集「阿爸的香榭大道」，除了推廣當時國泰世華刷卡抽獎旅遊活動，也以環遊世界為主題推廣旅遊。影片由我監製，腳本故事脫胎自我和父親間的交流：有個環遊世界，經常回來說故事的老爸。導演從此發想，創出了這個有趣的故事。

「不相信？爸爸帶你去看！」故事以趣味又溫馨的角度，述說愛女兒的爸爸總是盡可能滿足女主角嘉文的要求，只是劇本裡的老爸經常「膨風」，鬧出許多笑話。影片找來「金臂人」黃平洋飾演劇中愛吹牛的父親、黃安瑜演出成年後的女兒嘉文。長大的嘉文知道爸爸對自己的疼愛，笑聽卻不拆穿，誰知意外抽中巴黎之旅，才發現老爸原來真有幾把刷子。

故事裡有一幕，黃平洋穿戴著黑呢帽、黑大衣、白圍巾，帥氣來接女兒，竟頗有幾分像我那位受日本教育長大的父親一樣。而父親帶團時拿著麥克風唱日本歌的深情樣貌，則是真的無法和黃平洋穿著草莓短褲搖擺的背影對應了，這部有趣的影片現在還能在網路找到。

日本友人的肯定

　　日本是台灣旅客重要的旅遊目的地之一，要怎麼跟他們創造雙贏？他們需要我們做什麼？前往日本的路途上，我一直思索著。

　　不諳日文的我，帶著JWI日本部同事，一起去拜訪日本合作夥伴，透過他們的引薦，認識了JR東日本創造旅遊、九州旅客鐵道株式會社、福岡市副市長……跑遍日本拜訪知事，慢慢打開日本市場大門。不會說日文，沒關係！我們有翻譯，還有多次拜會、互訪、交流下奠定的友誼。我們讓日本方看到我們團隊在台行銷的創意，並提出策略共贏的建議，一起在台推廣。透過產品規劃、包機包位、社群行銷……，甚至邀請他們來客源地參與啟動儀式，跨界整合，團隊能完成從企劃到送客的全方位服務。

　　日本人做事非常嚴謹，很多案子只會跟日本人合作，但我們也不氣餒，不斷以「三顧茅廬」的精神持續拜會，某次客戶對提案與細節再三斟酌後，終於鬆口決定合作，簽約後他說：其實我願意跟你合作，還有一個原因！

　　「什麼原因？」

應邀赴日參加台日論壇活動時，和表演者合影。

「我看你從第一年來拜訪，服裝儀容、形象體態都維持得很好，到現在還是一樣，看出您是懂得自我管理的人，我相信您也會把我的專案管理得很好！」

這件事大大點醒我！原來我的體態、身形、穿著，都是別人眼中「可靠性」的考量！這成為我後來非常重視自我管理與形象的原因！

JWI的服務也獲得日本夥伴的肯定。九州旅客鐵道株式會社和我們合作，在台經營社群多年，推廣日本鐵道沿線旅遊，一直保持良好關係，現在「JR九州鐵道輕旅行」已有8.7萬個追蹤

叛逆，成就精彩
只有想不到，沒有做不到的旅遊創意

者。考察的過程中，我們搭著火車來去，也感嘆日本觀光列車的服務。從他們經營鐵道的經驗，學到許多深耕在地，與地區結合的故事，這些推廣與分享交流，也成為我們在台灣開展鐵道旅遊的豐富養分。

此外，台灣觀光協會及日本觀光振興協會自2008年3月在台北舉辦第一屆「台日觀光論壇」後，每年定期互訪，輪流在台日兩地召開會議。JWI也承接了第7、11、13屆台日觀光高峰論壇！第13屆2022年於桃園舉辦，同樣由JWI承辦，會後發表「台日觀光高峰論壇桃園宣言」：實踐SDGs永續及低碳旅遊，並以2025年雙方互訪交流人次回復到2019年水準為目標（台日雙向交流破700萬）。

對於推動台日觀光交流，我們是認真的！

外在形象是給別人的第一印象，需要用心維護，日久見性，才能真正贏得肯定。

小故事
日本列車頂級服務經驗

2016年1月13日，我和同事搭乘JR九州的D&S列車「指宿の玉手箱」，列車難免搖晃，同事買的啤酒不慎掉落摔碎了，啤酒也漏了出來。我們有些不知所措，趕緊請列車二位女性服務員來處理。那位服務人員察覺碎玻璃很危險，立刻請我們移座，她注意到我們正在使用筆記型電腦，很貼心引導我們到一個附有桌子的四人座位。我們有點不好意思，但也非常感謝。

正要繼續用筆電工作的時候，那位服務人員向我們詢問：「剛剛購買的啤酒似乎幾乎沒有喝，是否需要為您準備一瓶新的啤酒呢？」隨即奉上一瓶冰啤酒，這讓我們非常驚訝，多麼貼心的服務！

我們欣然接受她送來的啤酒，雖然啤酒是那麼的冰涼，但我們心中卻感到非常溫暖。她在極短時間內提供這麼多幫助，也照顧到我們的需求，真的讓我們非常感激！多虧她的照顧，這趟旅行變得更加愉快。後來我們特別寫了感謝函給JR九州，並附上照片，感謝她們的善意照顧。這趟旅程讓我們覺得JR九州真是太棒了。他們不僅對列車的外觀及內飾設計有著極高追求，在服務品質也不遑多讓，讓我們更期待再次造訪九州體驗其他列車服務。

|叛逆，成就精彩|
只有想不到，沒有做不到的旅遊創意

後來我們問了JR九州旅客鐵道株式會社的部長，這瓶啤酒是公司授權提供的，還是員工自費的？對方回應，應該是員工自費提供。這讓我們更感動，將心比心，那位員工不覺得清理很麻煩就已經很感謝了，她還非常照顧我們這些乘客的心情！一瓶啤酒，一個微笑，一個溫暖的回應，讓我們留下一輩子的感動。

　　我後來經常分享這個故事，也期待我們在鳴日號、鳴日餐車與藍皮解憂號的服務，能夠給予所有旅客同樣的款待。

JR九州鐵道服務人員的貼心照顧，讓我每次想起來都充滿溫暖與感動。（圖／作者提供）

千人採高麗菜

台灣農業觀光是JWI最重要的深耕領域之一。2013年，台灣高麗菜因為產量過剩價格暴跌，採收運送也不敷成本，農民叫苦不迭，當時我們聽到這個消息，和農糧署合作，推出雲林土庫「高麗菜鮮體驗，千人採菜去」，和雲林縣農會、彰化縣農會、雲林縣子茂果菜生產合作社接洽，從北、中、南出團，12／28在雲林千人大會師安排旅客親自走進田地，左三圈右三圈把高麗菜「轉」下來，還有製作泡菜與千人辦桌宴，只需399元的活動，把一日小旅行安排得相當圓滿。旅客每人摘3顆高麗菜，就有上萬顆免去人工採收與運送！

台式泡菜製作不難，總舖師登場，現場操作教大家如何以鹽醃新鮮高麗菜，把高麗菜對切四刀放進裝了鹽水的塑膠袋，盛入空氣轉緊袋口開始搖晃，讓高麗菜充分與鹽水混合，現場播放動感舞曲如〈姐姐〉，讓與會民眾搖得不亦樂乎，最後把去除鹽水的高麗菜放進盛裝醋辣湯汁的塑膠罐，封緊後就大功告成！當天參加遊客提著泡菜拿著高麗菜，臉上笑意滿滿。

「辦桌」是南部常民生活，也是一種慶祝的氛圍。中午桌上所有菜餚由農村在地農會田媽媽料理，一場辦桌充分展現百變高

麗菜特色，像是高麗菜飯、炸高麗菜丸、加上木耳紅蘿蔔的炒高麗菜、高麗菜滷肉、酸高麗菜炒三鮮、高麗菜海鮮捲等。活動同步邀請媒體和部落客參與，也藉由媒體的行銷力度，讓更多人感受到高麗菜「菜王」美譽名不虛傳，關注到農民的辛苦。

除此之外，台北農產運銷股份有限公司也與雲林縣農會簽訂產銷合約合作產銷，台北市長也親自到場支持，強調雲林蔬果盛產時可讓台北市團購，減少盛產價格不佳的窘境。展場外同時規劃雲林小農市集。這是我們早期與地方互動的美好記憶，也成為公司團隊規劃大型活動的典範。

2014年，JWI與又農委會合作「農業旅遊國際自由行市場拓展計畫」，結合農遊及住宿票券，推出多條線路，邀請國外旅客搭19人座的「開心農場彩繪巴士」前往農場旅遊。都說「無利不起早」，加入農遊體驗的遊程，讓早起走到戶外的民眾感受「大利多」。能為這片土地貢獻小小心力，讓我深感榮幸。

創意背後要有切實行動；與其告訴你高麗菜好吃，不如秀給你看高麗菜真萬用！

搶攻不搶功

我喜歡嘗試新鮮事，喜歡搶攻新板塊，在JWI的歷練，恰恰提供了我這方面的空間。應邀到各地參與活動，分享公司的創新經營模式，提出JWI的創意營銷，也因此認識許多旅遊局和旅行商、結交了很多產業朋友和官員，以及全球各國觀光推廣代表。

建立脈絡的同時，我也學習與各種文化交流，從大陸、台灣、東南亞、東北亞，眼界越來越大，路也越來越寬。能夠緊扣世界脈動，這背後有兩大關鍵，一是我的伯樂——王董的全力支持，二是強而有力的團隊作為後盾，

因為團隊有企圖心，願意大刀闊斧開拓市場，更感謝王董的信任，放手任我們嘗試創意。再好的千里馬也要有伯樂賞識，才能共同奔赴目標，高階主管的充分肯定，才能讓幹部團放心跟隨，大膽施為。而優秀的團隊，也能在先驅部隊攻下脈絡後，迅速接應，精準服務，完美達陣，這才是我們能夠不斷擴展的原因。

麥可喬登曾說：「靠天分可以贏球，但是靠團隊與智慧才能贏得總冠軍」。一個大團隊不需要明星，但需要默契和戰魂。麥可喬登再厲害，也需要有教練布局、隊友傳球，才能完成投籃得

叛逆，成就精彩
只有想不到，沒有做不到的旅遊創意

2023年11月ITF旅展，以搶攻不搶功的精神團隊合作，才能在每一場戰役中做好最佳服務！

分。團隊不僅要彼此給機會，自己要優秀得讓隊友信賴，才能贏得接球、投籃或射門的機會。

我期待團隊都能有「搶攻不搶功」的精神，從「我」做起，彼此互為奧援，一起朝勝利的方向奔跑。

08 歡迎觀光新夥伴

觀光業最重要的夥伴是上下游產業。食宿娛遊購行六大元素中，「遊」往往是吸引人出行的關鍵！若對「遊必有方」來個「古語新解」，旅行業是推動觀光發展方向的重要推手！現在旅遊流行什麼，我們有最敏銳的感知！

跳開景點和景區等旅遊基礎款，這些年來，我不斷參與推動農業旅遊、觀光工廠和台灣創意生活產業等，擔任業師和顧問，從銷售者和消費者的角度，和他們分享「旅行業需要什麼？」與「旅客需要什麼？」，提出建議供他們參考。

推廣一個好的觀念會影響一代人，我希望站在產業需求上，串聯起更多有志觀光的夥伴，一起往對的方向走。

好的觀念會影響一代人，做對的事，遠比把事情做對重要。

帶旅客走進農家

和台灣休閒農業發展協會互動結緣很早，1998年台灣休閒農業發展協會（下稱台休農）設立，2003年起持續跟隨台灣觀光協

會參加國內、外旅展，提高「休閒農業之旅」能見度。看見休閒農業與觀光結合的無限可能，我跟團隊很快成為台休農的作戰夥伴，共同推動台灣休閒農業旅遊發展，並藉由ITF旅展的農遊主題和產品設計，把台灣優質農遊推薦給國內外旅遊產業、媒體和遊客，我也在台灣休閒農業發展協會秘書長游文宏引薦下，和農委會（現在的農業部）、農糧署等單位結緣。

真正走進農村，發現原來農友的工作並不是一整天都要忙碌，可以彈性規劃活動，給予旅客全新生活體驗：南瓜原來有這

我們和台灣休閒農業發展協會秘書長游文宏（中）共同推動冬山農村廚房體驗，享受從採摘到烹飪的樂趣。

我們很早就開始推廣休閒農業旅遊，推出食材旅行等活動。巴士上的靠枕也精心設計，讓遊客更能感受食材旅行的趣味。

麼多品種？哪種長相最甜？怎麼看熟了沒？跟著農友聽生態環境介紹、DIY製作美食如蔥油餅、花卷、香草茶、蜜餞或泡菜，購買在地小農的生鮮或蔬果，從季節性活動如賞荷吃蓮子等日間互動，逐漸發展到欣賞螢火蟲、樹蛙、觀星等夜間探索。多樣化生態休閒體驗，讓台灣的農遊越來越精彩。

休閒農業著眼於「將農產品的附加價值留在農村」，在農產品生產（一級產業）之外，引進農產品加工（二級產業）以及行銷、觀光服務（三級產業）的經營思維，完成「$1 \times 2 \times 3 = 6$」的規模，完成六級產業化，進而也把人也留在農村，讓第二、三代乃至於更多人投入。台休農舉辦

|叛逆，成就精彩|
只有想不到，沒有做不到的旅遊創意

多場講座邀農場主人參加，學習接待理念，也辦過只限休農二代接班人上課的「台灣休閒農場接班人培訓班」，十多年來，我很榮幸有機會參與這個進程。

整合運用地方農特產與農作體驗，我們團隊很早就規劃「農遊」主題如採果、賞花、DIY，生態農場的旅行業者，以創新手法規劃「婆婆媽媽去買菜」、「水果旅行」、「食材旅行」等創意遊程；農遊體驗也是「大人囝仔聚樂部」裡很受歡迎的亮點。

由產地到餐桌的先驅者

把旅客帶進農業場域，需要先和場域主人溝通規劃詳細流程，才能打磨成旅遊商品，賣給消費者。這個歷程中，旅行業和台休農都在學習，許多我們討論提出來的建議，後來都寫進台休農的培訓課程中。以往農業場域多半以生產為主，但有了旅行社成為通路，可說打通了農遊任督二脈。我們團隊仔細篩選出服務成熟的優質合作夥伴後包裝成產品，期待讓更多消費者看見農遊的樂趣。

在低碳旅遊還沒有流行前，我們已經在做這件事。後來衍生出更多在地創意，像是「食材旅行」、到農場採菜或到市場買

從產地到餐桌的低碳農遊小旅行，現在已經成為一種顯學。

|叛逆，成就精彩|
只有想不到，沒有做不到的旅遊創意

菜、稻田裡的餐桌、百香果樹下的餐桌……都是「由產地到餐桌」的進一步實踐版。農場能不能接待國際旅客？國內旅客是最好的練兵與測試。作為旅行業者，我們最熟悉消費者需求，也在不斷嘗試中，看見農業旅遊已成為國民旅遊的主體，甚至成為國際市場的亮點。

近年來農遊配套更深化到國旅北中南東各地小旅行，以季節話題為亮點的遊程，幾乎都搭配著農遊項目，雖然現在團體遊程不具體強調「農遊」，我們仍秉持以往的理念，希望帶著旅客貼近大地，令旅客滿載而歸。

觀光工廠，桃園啟航

公司與觀光工廠合作較早，也是產業先驅者。2010年，為準備迎接桃園縣升格為桃園市，在縣長吳志揚規劃下，桃園縣觀光旅遊局局長陳淑容推動觀光工廠整合，輔導有內容、有實力的工廠加入觀光工廠認證的行列，為桃園增加休憩能量和宣傳力度，提升桃園的生活機能，讓產業升級。陳淑容特別邀請我參與，協助工廠轉型。我們開始跟觀光工廠有進一步的互動，發現原來觀光工廠很適合成為國旅的元件之一。

觀光工廠有什麼特別？當時經濟部輔導產業轉型，品牌升級，接軌觀光！每家觀光工廠，其實都是在地產業的歷史故事，消費者走進觀光工廠，就像走進時光隧道一樣，回顧從無到有、邁向世界的歷程。如何起家？如何經營？為什麼會成功？許多觀光工廠是以「前店後廠」或「前廠後店」的形式營運，遊客在現場就能看到製程，對於產品也更信賴。

2013年，桃園縣政府輔導及行銷觀光工廠有成，全縣多達21家，質、量都領先全台，桃園縣舉辦了第一屆全國觀光工廠論壇，由縣長吳志揚親自主持，以「耀向國際，觀光工廠NEXT」為主題，展現推動工廠轉型為服務業、特色產業的成果。我也應邀和靜宜大學觀光事業學系教授、交通部觀光局國際組代表、肯默整合設計公司總監等人對話，探討觀光工廠如何聚焦企業強項，發展國際觀光與見學旅遊。

也因為這個機緣，公司成為率先把觀光工廠納入遊程的先驅之一，我也從桃園開始，接獲很多縣市政府和各縣市觀光工廠協會邀請，從觀光的角度、旅客的需求、動線規劃等等面向，分享一些建議，並蒙中華民國觀光工廠促進協會邀請，擔任顧問。

有次帶旅客去金蘭醬油觀光工廠，一進門就看到老式腳踏車

載著醬油桶。早年醬油沒有防腐劑等相關成分,無法久放,又是家家戶戶都用到的東西,遠遠聽到賣醬油腳踏車特有的鈴鐺聲,大人小孩就要準備空罐子去買醬油!這輛腳踏車立刻喚起我對早年的回憶。走進展售間一看,金蘭醬油竟然多達90幾種!現在都賣到全球了!記得那次很多人搬了一箱醬油回家,家附近的超市難道沒有賣醬油嗎?當然有,但卻不會有90幾種,這是趣味,是體驗,也是紀念。

09 教學相長不藏私

　　外界對於旅遊業產業領頭羊，以及我們許多領先業內的創意和作法總是充滿好奇，從產業到學校，我面對過各式各樣的聽眾。這些年，已相當熟悉「講者」這個身分。多年來觀光產業的豐富經歷與歷練過的大小事，還有小時候父親說故事帶來的感動，也讓我成為一個善講故事的人。從紙上「繪畫」到「描繪」

2006年Two Days with CEO課程，王國欽教授帶學生來公司，我參與相關課程的討論。這張是王教授保留的紀錄，特別感謝他提供照片。（圖／王國欽提供）

|叛逆，成就精彩|
只有想不到，沒有做不到的旅遊創意

故事，描述情境和夢想，透過「畫面」讓更多人感同身受。

後來國立台灣師範大學成立「樂活產業高階經理人EMBA」，課程時間都在週六、日，一整天要從上午9點講到下午5點多。王董指派我去參與授課計畫，這恰好與我「愛分享」的理念相合，於是，我的身分又多了一個「教職」。雖然占據我為數不多的假日時間，但卻給我更多收穫！

當老師遇上老師

這個授課的機緣，對我來說相當特別！拿到「國立師範大學樂活產業高階經理人EMBA副教授」的聘書和名片，是一份榮譽，更是一種責任。

一學年27小時的課程，每月一、兩個週末有課，對我而言也是個大挑戰！又期待又擔心自己有所不足！雖然王國欽教授說：只要把工作經驗和大家分享就行，但說是敬業態度也好，是成就感也好，我都全心全意，想在這27個小時裡，讓學生有滿滿的收穫！

為了備課，我做了很多相關研究，希望從理論到實務間更有完整架構串聯，讓我的立論有理有據，在和學生互動的過程裡也

發現，學生更期待我從創意與樂活等方面給予他們在產業面實做實戰的思考與觸發。我明白自己是業師，不是學者也不是正職教授，不需要太被學術和框架束縛住，於是我著重實戰經驗，分析做過的案子與結果，讓學生更能感受情境、更有真實感，並保留時間討論，讓學生可以即時發問、互動。今年起，授課時間稍微調整，讓業師的時間稍微降低，保留更多的互動討論時間。結合時事角度，分析旅遊產業和應對，讓彼此有更多交流的空間。

另一方面，我的教學內容配合時事不斷精進，從第一年開始觀光旅遊的經驗分享，到後來的SARS期間企業如何破局，還有參與軌道經濟的理念思維，隨著整體時局逐步演進。在研究的過程中，我才發現2019年因為新冠來襲而宣告破產、曾是英國最大旅行社的湯瑪斯庫克集團（Thomas Cook Group plc），最初載運旅客發展成商業模式的雛形，就是在1841年7月5日包租一列火車，以每人一先令的代價，往返行程11英里並提供午餐，安排570人出行參加禁酒大會。原來鐵道旅遊和EVENT活動早在172年前就開始了！疫情的衝擊，讓世界最大的旅行業者也喪失競爭力，令人唏噓。

在國立師範大學「樂活產業高階經理人EMBA」已授課5屆，來參加EMBA的學生裡臥虎藏龍，他們各有各的背景與產業

脈絡，領域橫跨了航空、健身、行銷、醫美、養生村、餐飲……眾多產業，氣象主播和醫院副院長都曾和我教學相長。

對我而言，學生也是我的老師，每屆學生大約近30人左右，幾屆下來，我也交了150多位新朋友，他們在課堂上的分享與回饋給了我許多新的觸發與想像，彼此亦師亦友，是我對這幾年教職生活的最大收穫。感謝校方和學長、姐們，我非常珍惜這份緣分。

後來我在課堂上的分享，像是公司這許多年來服務不斷升級的說明，還有鳴日號為何獲得德國iF設計獎中「服務體驗設計獎」的思考，也促成許多學生帶團隊來體驗鳴日號、鳴日餐車和藍皮解憂號等觀光列車，他們的回饋分享，讓我得到許多精益求精的思考。

EMBA：打開耳朵聽世界

經歷這5年，我想給要就讀EMBA的學長姐一些建議。

參與EMBA的目的，其實最大關鍵不僅在於「學習」，而更是學習「傾聽」。聽不同產業對同一事件的觀察和見解，學習從不同角度和維度來評估同一件事的多元可能。從教授和同儕的分

享中，可以較完整見識到不同產業歷練與經歷後，對事件的判斷，那都是他們在數十載人生中吸取教訓後總結出來的珍貴果實。

另一方面，有上進心，希望藉由進修EMBA精進的人群，多半都已是負責人或高階主管，習慣發號施令，不容易聽進別人的建言或想法。在EMBA的課堂裡，身分轉換，必須聆聽別人「說什麼」、「怎麼說」、「為什麼這樣說」，這些思考、反應與觸發，往往能夠給予大家全新的體驗，從而反思自己平常的慣性思考是否有調整的空間。

最後，最珍貴的是同儕間逐步建立起的友誼。與商場上的見面不同，在EMBA的同學，多半沒有利害關係，難得可以回到學生時代，和不同產業的同儕認識，成為真正的朋友，這是非常難得的一段人生旅程。因為共同學習，有共同語彙，提到同儕曾經舉過的範例彼此認同，或因為課堂上某次有趣的互動而開懷大笑！未來更有機會成為生活場域的好朋友。

來點實戰

來EMBA，總要有些不一樣的挑戰，我其實也想挑戰學員。

所以第3屆開始，我除了分享自己在行銷、管理和觀光產業的一些分析，也邀請學員來「創業」，我在學期一開始就會預告期末會有4小時的實戰分享，邀請各組學員運用「企業9宮格」來合開一家「非6人專長」的專業公司，講述他們要如何營運、行銷、獲利，這不僅要求大家跳開現有的舒適圈，跨域思考再創業的新發展，小組6人發揮各自領域所長，

學期末這堂課也是投資比拚，每位學員手上有3百萬的虛擬支票，各組分別介紹自己的夢想企業後，讓學員投票給自己青睞的其他組，最後產生總冠軍。各組簡報後有20分鐘的問答時間，這不僅是彼此在學期最末的綜合考試，也是一場實戰分享，學員在學期期間，透過討論交流，締結更深的友誼，甚至有未來合作發展的可能。

參與EMBA的目的，最大關鍵不僅在於「學」，而在於「聽」。

新聞報導裡的祝福

　　每回學員畢業，我都會到現場送上祝福。只有一次因為要參加藍皮解憂號的啟用記者會，我沒辦法到EMBA畢業典禮參與大家的重要儀式。在集團同事拍攝記者會影片後，我請同事協助，以火車報導、採訪畫面搭配我受訪的新聞報導實景，重新配音，把祝福送給畢業學員，也透過助教協助，在畢業典禮上播放分享。

因為不能去參加畢業典禮，我用影片祝福學長姐畢業，在典禮上播放。原以為是簡單的新聞，最後卻逆轉成祝福，這個驚喜讓很多學長姐們記憶深刻，也是一次創意示範。

這也是一次行銷與創意的極佳示範！原本大家以為是正常的當日新聞報導，誰知片尾最後卻是我在記者會直接表達對學員畢業祝福的新聞畫面，這次的創意給學員大大驚喜，也成為他們在EMBA課程的最後一課：超乎預期的驚喜行銷效果絕佳！

CHAPTER

3
我與大人囝仔

年紀漸長，我看到父親老去，看到台灣社會的老化，
也思考著產業鏈所遇到的難題。我試著為台灣觀光產
業鏈，和自己所屬的旅行產業尋找出突破口，探索讓
營收更均衡的模式。

年紀漸長，我看到父親老去，看到台灣社會的老化，也思考著產業鏈所遇到的難題。

世界各國都一樣，假日國內旅遊興旺，一房難求；但是在週間一～五，空房率都很高。因此各國積極發展入境旅遊市場，希望吸引更多國際遊客到自己的國家來，填補週一～五的週間空檔，進而讓整個觀光產業鏈或生活產業鏈能均衡發展。

入境市場畢竟較不可控，有沒有我們可以在國內解決的方法？我試著為台灣觀光產業鏈，和自己所屬的旅行產業尋找出突破口，探索讓營收更均衡的一種模式。

週間沒有旅客嗎？未必，但他們為什麼不出來旅遊？主要還是缺乏誘因。

當時平面報紙和剛開始出現的網路媒體，週三都是旅遊廣告熱版；週六、日則被房地產霸版。也就是說，如果旅客規劃週末出遊，他會習慣在週三、四開始關心旅遊內容；若從平均值來看，週三可說是旅遊的最低谷，卻是資訊的最高峰！

我於是規劃推出「快樂星期天」和「歡樂星期三」。「快樂星期天」原就有基本市場，目的是鞏固現有客源；「歡樂星期三」則是每週三推一個專案，和飯店業者、景區聯合行銷，號

叛逆，成就精彩
只有想不到，沒有做不到的旅遊創意

召大家週三出遊享樂Go，享受最超值的訂房、票券和自由行產品，慢慢贏得迴響。「歡樂星期三」主題也吸引很多夥伴參與，這可說是後來樂齡旅遊的初階版。

有沒有可能讓週一～五都是「快樂星期天」？如果天天都是星期天，那快樂的就是觀光產業鏈了，可以調整服務比重，獲得應有利潤，不需因淡旺日差異過大，必須提高週末的銷售價格。

細察台灣在週一～五週間的市場消費需求，花時間瞭解亞洲如東北亞的日本等旅遊發達國家與台灣的差異，發現日本比台灣早19年進入高齡社會，而台灣已在2018年邁入高齡社會，更即將在2025年邁向超高齡社會。

樂齡市場規模有多大？台灣65歲以上有近500萬人，50～64歲人口約600萬，加起來高達1千多萬人口，每2人就有1人屬於樂齡族。台灣人均所得已經超越日、韓，50歲以上族群又掌握多數財富，高齡族群更重視休閒與終身學習，樂齡旅遊商機潛力驚人。

誰可能有錢又有閒？又一次，我把眼光聚焦到退休族群上。很多朋友想像退休的生活，說：退休後我有的是時間！我有的是還不錯的健康身體！我有的是退休金！這些有錢有閒身體好的樂齡旅客，就是我的主要目標客戶了。

10 起心動念，家的回憶

大手牽大手，換我帶你去旅行。這次不是怕我走丟，是想表達我有多愛你。

上班族回到家經常看到退休的父母坐在客廳看電視，忙了大半輩子，他們終於得空；沒空的反而是正為事業打拚的我們！

有天小兒子從美國回來，邀請我和阿公聚餐，兒子指著同款眼鏡說：我的品味和阿公一樣啊！我回家後也換了一副相似的鏡架，至今還戴著。（圖／作者提供）

|叛逆，成就精彩|
只有想不到，沒有做不到的旅遊創意

小時候，爸媽帶我們去陽明山花季賞花，在花鐘前合照，這樣簡單的旅行就讓人好滿足！再長大一點，大多數人只想著和朋友出國往外跑，卻忘記握起從小牽著我們玩台灣的那雙大手。有多久沒有和父母一起在出遊照片裡一起露出燦爛的微笑？

　　這可能是很多人心裡深切的夢。

　　只是，再想讓父母多出去走走看看散心，上班族仍然被一個問題限制：時間。高齡社會到來，宅在家的年長者越來越多，他們不是不想出遊，但關鍵是怎麼去？去哪裡？

　　觀光產業有沒有機會參與進來？讓更多人玩得開心？也讓子女更放心？

　　許多退休的人待在家裡不想出門，原因是對生活無感，也不知道要如何讓生活變有趣。旅行就是很好的方式，透過打開新的視野，接觸新的人事物，就能激發對生活的新熱情！

11 樂齡旅遊推手──
從內到外，理念傳達

最早想做好樂齡的思維，是從企業社會責任（CSR）的角度來思考。

一般提到CSR，多半會想到捐贈、淨灘、種樹等。但我認為要對社會做出貢獻，不僅是從企業額外給社會什麼，一年辦3、4次活動，不如讓企業整體營運能推動包括客戶在內的整體環境：365天每天都做「對社會有意義的事」。這也與現在企業發展非常關鍵的「ESG」：「環境保護」（Environmental）、「社會責任」（Social）及公司治理（Governance）三大價值息息相關。推動樂齡旅遊，正是最好的示範。

但要推廣樂齡旅遊，得先有真正適合樂齡族群的相關產品。

什麼才是真正適合樂齡族的旅遊？大家也許有些概念，但閉門造車空想，難以精準。

企業責任：從內部開始的說服

慶幸的是「吾道不孤」！高齡化社會到來，吸引許多人關

注，有夥伴一起同行。

智榮基金會創辦人施振榮先生2013年邀請經濟部工業局、工業技術研究院、中華電信、台灣創意設計中心、宏碁集團、南山人壽、信義房屋、頂新集團、景華生技、雄獅集團、網路家庭集團等成為創始會員，發起「龍吟華人市場研發論壇中心」（簡稱龍吟研論），目的是研究兩岸華人市場的未來生活與消費趨勢，協助企業即早掌握潛在消費者的需求轉變以投入對應的創新研發，打造台灣成為華人優質生活的創新應用中心。雄獅，是其中唯一的旅遊企業。

龍吟研論成立的一大目標是進行「長者生活需求深度研究」，創始會員共同斥資4,500萬，耗時3年，蒐集7萬筆資料的研究後，2017年公布了「樂樂活大家講──未來長者生活需求大調查」結果，這些內容成為公司推廣大人囝仔聚樂部的依據。

根據這些資料，同事集思廣益，找出樂齡族群出遊的幾大痛點：「年輕人喜歡玩的未必適合我們」、「一群人習慣不同，玩起來不好玩」、「想『方便』的時候不方便」、「景點要爬坡或走樓梯太吃力，腿腳不好，我寧願原地等候」、「出遊照片太多或拍起來不好看！3C不熟，整理起來揪頭痛」……另一方面，我們也探索出樂齡族的3大特質：怕孤單、愛分享、好學習。

理念清楚，下一步就是調整產品，重整行銷策略，設立「大人囝仔聚樂部」品牌，讓同齡人可以相偕出遊，他們有相似的年紀與經歷，彼此也更好交流。

為什麼取名「大人囝仔」？

小時候，我們總希望快快長大，變成大人；真正變成大人了，家庭事業各種責任一肩挑，我們又羨慕起小時候的無憂無慮，當小孩真好！真的等到終於退休，卸下工作重擔，突然生活失去重心方向。以「大人囝仔」為名，是希望退休後可以做回小時候，想玩就玩，想走就走！我想做出讓大人可以變成囝仔開心玩耍的遊程，在旅行中找回青春活力。

大人囝仔聚樂部與坊間一般的樂齡旅遊有明顯區隔特性，也希望每位參加大人囝仔聚樂部遊程的「大人」，都能喚起童心笑得像「囝仔」。有了這些論述做基礎，我和團隊逐步開展公司內部全台的教育訓練和產品推廣，先讓自己人熟悉「大人囝仔」的概念。

大人囝仔：外部推廣的使命

「大人囝仔聚樂部」的遊程革命，可從時間、服務、內容和

感動四維度描述。

　　首先是「時間」更寬裕。邀請退休樂齡族群週間出遊，強調「平日出發」。非假日出遊，路上不塞車，景點不塞人，上廁所也不用排長隊。考量到樂齡族不喜歡乘車過久，景點和景點間的間隔也不會太長，每1～1.5小時就要休息一下，或在高速公路休息站讓大家下來走走。遊程以「減法」規劃，放慢腳步，不急不趕更舒心。

　　第二是「服務」更周到。出團配備一位小天使提供貼心服務，除協助領隊處理行李或上下車服務，還會幫助旅客拍照，讓旅客留下美美的紀念，開心打卡。小天使會在團體行進時跟客人創造良好的互動，教他們如何使用社群軟體，讓樂齡族群能透過簡易3C科技增加行程中交流互動，遊程不孤單！旅程後遊客也可以取得照片等完整紀念，並且分享給親朋好友。

　　第三是內容重視「學習分享」。考量樂齡族「好學習、愛分享、怕孤單」三大特性，安排較多深度體驗或DIY手作，配套互動講座、輕走讀，這項特性後來更升級成「EVENT策展」或「派對交流」，以獨一無二的體驗帶來尊榮。像2022年規劃的「健康大步走」系列，除了讓旅客學習用北歐健走杖走登山步道

之外，還在森林中以派對形式「大會師」。

第四是舒心「感動」。多數退休族群都已有些人生成就，對餐飲食宿更講究，因此大人囡仔聚樂部住宿多搭配品牌飯店「五星住宿」與在地「特色餐食」，住得好，吃得優，獨特品味。年紀大了更重視身體的感官，能夠住進豪華飯店，美美泡個湯，吃個自助餐或定食，好好睡覺，第二天自然醒，人生就如度假，每天都是星期天！

大人囡仔聚樂部以服務加值，進一步提升遊程質感。隨行小天使會幫旅客拍照記錄遊程。

叛逆，成就精彩
只有想不到，沒有做不到的旅遊創意

這四項特色都根源於對樂齡族群的細緻調查得出的關鍵。好的產品設計本身就是最好的行銷，當旅客的需求被理解及滿足後，對理念認同，就會繼續選擇系列遊程。透過社群和報導行銷，帶起市場對「樂齡旅遊」族群的關注。旅客迴響，更讓營運大人囝仔的團隊大受鼓舞。短短兩年，我們吸引了近16萬的會員，實現大人囝仔聚樂部的「天天星期天」。

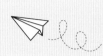

小故事
樂齡？樂活？銀髮行不行？

早在推出大人囝仔聚樂部前，我就已在做銀髮和樂齡旅遊了。但也許是時機未到，這些「樂齡」冠名團並無法吸引旅客上門，市場回應不如預期。

我曾經問我的老闆兼老師——父親：「為什麼客戶那麼不買單？」

父親回應我：「你完全不瞭解這群消費者的需求，他們要什麼？你真的瞭解嗎？」

我問：「這個年紀，孤單寂寞閒閒在家，不是就想要出去旅遊嗎？」

「我們並不想被掛上『樂齡』、『銀髮』，以聽了就不舒服的字來做號召，如何吸引需要的人？」

這些話給我很大的觸動。像「博愛座」經常空著一樣，非不得已，樂齡族不想對號入座。

我們總是希望自己看起來更年輕。

這也是後來把樂齡團命名為大人囝仔聚樂部的原因。

12 翻轉思維──更多元的遊程開發

是什麼讓不想承認自己是樂齡族群的群眾，最終願意對大人囝仔聚樂部買單，即便知道這是「樂齡專屬」也「樂此不疲」？

聚焦旅遊「目的」

從基數來看，樂齡旅遊是大眾市場，但仍需要從中再尋找對的受眾，就像「漏斗理論」一樣，一層層瞭解、歸納旅客所需，最後才會促成購買行動。即便已建立品牌，更要珍惜旅客的信任度，絕不可能「一種行程賣所有人」。

我理想中的大人囝仔遊程，即便是同一縣市，四季也有不同對應主題，1～12月玩法各有不同。從過去的「觀光旅行」轉向「策展模式的主題性旅遊」，強化旅行深度。

「旅遊的目的」比「旅遊的目的地更重要」。

大人囝仔聚樂部鎖定樂齡人口裡占比大約6、7成屬於健康與亞健康族群，看準疫後健康意識抬頭，2022年規劃「健康大步走」系列行程，培訓領隊學會北歐健走及使用健走杖，走向全台

雄獅推出健康旅行，搭配北歐健走杖步道健走，帶旅客走出健康。

山林步道及森林遊樂區等人氣景點，結合專業醫師的健康養生講座，「走出健康」的話題行銷，得到熱烈迴響。

同儕效應──讓客人陪客人

讓更多人越來越健康的理念，貫串在大人囝仔聚樂部的遊程裡。玩中學，不孤單，旅客彼此原先並不認識，但碰面一兩次後玩出好交情，變成「客人陪客人旅行」相約去玩，公司同事與領隊們扮演好照顧者與規劃者的角色，透過用心的活動規劃，邀請大哥大姐們拓展生活圈，心情好了，身體活動多了，最初想「為

｜叛逆，成就精彩｜
只有想不到，沒有做不到的旅遊創意

健康出走」，最後也「走出健康」。

　　我仔細研究過日本旅行社「Club Tourism」，他們發展中高齡層旅遊市場非常出色，也運用社團互動，增加客層黏著度，甚至讓顧客變志工，傳為美談。未來有沒有可能讓更多退休樂齡旅客升格為「生活旅遊達人」，邀請不同專業的「生活分享家」，加入服務陣容中，把更多豐富知識分享給其他的樂齡族朋友？年齡相近的旅客，或者有相近的生活背景，也更懂得彼此需求。

天天星期天，想多玩幾天！

　　大人囝仔聚樂部推出後，在樂齡市場迅速成為領航者，更多人意識到樂齡族群的需求，不想等到父母走不動才感到遺憾；帶父母去旅遊？先去大人囝仔聚樂部看看有沒有適合的遊程！有好的體驗，「週間遊」的頻次逐步提高。

　　一開始，大人囝仔聚樂部推的都是一日遊，主要配合農場、觀光工廠等體驗與學習活動，瞭解各個產業的歷史文化和相關知識，早上出遊，晚上回家；慢慢的，有人覺得一天玩不夠，開始詢問：有沒有2天或更多天數的遊程？我們幾乎可以每天報到參加活動！

祖孫大手牽小手，也是大人囝仔聚樂部的最佳寫照。

市場需求及品牌認同成熟，「鼓勵樂齡族多為自己而活」，大人囝仔聚樂部推出更多2至5日的行程，讓樂齡族各取所需。活動更深化「策展」主題，加大養生美食、文化、生態等深度體驗，退休生活更精彩豐富。

至於為什麼不排假日？因為週末兒孫要來家裡玩！

除了年長樂齡族群，我也發現與「大人囝仔」命名十分契合的族群：「祖孫」和「親子三代」市場。有些是祖父母輩帶還未入學或休假的孫子一起出來玩，有些是三代同堂。還有旅客回應：「大人囝仔，不就是要帶囝仔出來玩嗎」？這群真正是「大手牽小手」的族群，非常令人感動。

13 打造樂齡產業鏈

鎖定樂齡旅遊客群為目標客戶後，我積極尋找觀光產業食、宿、遊、購、行供應鏈來支持。

一開始，週間遊能推出有主題性遊程，要感謝台灣農業休閒發展協會秘書長游文宏的協助，建議平日到休閒農場度假、體驗農村生活及採果，讓很多都市朋友到鄉村後能脫掉鞋子，雙腳真正踏在軟濕溫潤的泥土上，拔蘿蔔摘菜、採收小番茄，以友善的態度親近大自然。

接著，觀光工廠也成為大人囝仔聚樂部推廣主力。相較於農遊，觀光工廠的最大優勢是多半在「室內」活動，聽產業發展文化故事導覽，也有DIY體驗，更有多樣化的商品可現場購買伴手禮。瞭解製造業轉型品牌及企業文化，旅客對店內的商品也會更有信心；工廠結合觀光，讓更多人看見台灣企業的能量。觀光工廠之後，還有地方文化教室、走讀……。發展主題旅遊行程的過程中，不斷開發適合的新場域，既是產業的串聯者，也是創新體驗的催生者。

大人囝仔聚樂部1日遊奏功，2日遊以上體驗接力登場。旅客

可以玩更多，走更遠，享受屬於自己的時光。團員們也能夠在多日團體旅遊結交更多新朋友，拓展生活圈，達到「越玩越健康，越活越快樂」的目標。

當五星飯店夥伴聽到我問：「只要週一～五的空房，能否給個優惠價」時都非常驚訝：「你確定？只要週一到五？」

我確定，因為大人囝仔聚樂部就是要推週間遊！飯店夥伴也把可能高達6成的空房售出！

從2018到2019年，大人囝仔聚樂部帶動國內平日旅遊市場倍數成長，大人囝仔聚樂部系列遊程1、2日遊的占比，由原本的9：1轉換為4：6，帶來1,200%的經濟成長效益，合作品牌飯店的平日住宿率大大提升！能量驚人。

世界向超高齡社會滾動的速度越來越快，樂齡旅遊族群只會越來越多。有空出去玩點不一樣的嗎？飯店還有空房嗎？我們和旅客一起填滿。

透過休閒農場的體驗觀光，能享受更多采多姿的旅遊樂趣。

14 持續進化

2019年底，團隊舉辦「大人囝仔聚樂部滿周歲成果分享會」，邀旅客和同樣關懷樂齡族群的上下游觀光業者同慶，感謝客人和夥伴的支持，也宣告未來的計畫，大人囝仔聚樂部為樂齡族群量身打造的專屬行程，成為推動高齡社會共享價值和觀光業態多元共生的新標竿。

這場盛大的感恩活動，宣告將為「大人囝仔聚樂部」開發更多的國旅遊程，以「多元五星飯店體驗」、「本島離島玩透透」、「全台皆有出發地」及「尋找樂齡旅遊生活家」4大主軸建構未來方向，邀請新合作夥伴──航空公司一起，在週間推廣離島遊程，更藉由「全台各地皆能上車出發」的服務，讓每個城市都是旅程的起點。

當時我們真的充滿雄心壯志！宣告目標在5年內招募20萬會員，邀請每人每年至少出門玩5趟，創造百萬樂齡旅遊人次，和全民一起迎接2025年「超高齡社會」，向每年帶動40%業績成長的目標邁進！

2020～2022年，世界受到疫情衝擊，市場也有新的變化，

叛逆，成就精彩
只有想不到，沒有做不到的旅遊創意

勢必要以不斷的變革來應對，重
新探索、盤點，思考企業自身價
值，回到「服務」原點去解決消
費者的痛點，進行組織重整和資
源分配，結構式地進行產品研發
跟創新。

從「台灣觀光策略」的角
度，團隊進駐「台灣場域樞
紐」，盤點台灣鐵路、公路、飛
機和藍色公路四大交通系統動線
進行布局，找出區域樞紐，選定
場域進行經營，我們不再只是包
裝產品，將旅客送往目的地，而
是經營屬於自己的場域，直接服
務旅客。

公司門市開始進駐三鐵共構
的場域，我們在南港、台北車
站、板橋、烏日、左營等交通樞
紐打造「4代店」提供更好的接

樂齡旅遊不設限，要為高齡族群打造更和善、
無門檻的旅遊行程。

待服務，積極打造軌道觀光生態系，帶動產業供給面和需求面，在交通運輸找到「轉運中心」，串起全台環島「珍珠鏈」，把「軌道經濟」做到最大化。

軌道生態系：高速慢遊

2023年，我和團隊強化和高鐵合作，在台灣高鐵公司總經理鄭光遠全力支持下，以「高速慢遊」ESG低碳旅行概念，首創「大人囝仔高鐵行」策展遊程，運用高鐵載具強化旅客出遊移動便利性，結合運動、學習、懷舊、音樂、美食5大主題，給予樂齡族更多更精彩的體驗。

高鐵列車的「高速」，把旅客快速送抵目的城市；「慢遊」的最後一里路就交給我們團隊。雙方攜手，成為旅客與各地美景、各種美食之間的「美好生活連結者」。公司團隊先前承諾：讓每個城市都是旅程的起點，自此進一步完善。

多數高鐵＋飯店「高鐵假期」都是自由行，只含車票＋酒店；「大人囝仔高鐵行」是全包式旅遊，包含食宿遊購行及導覽服務，因為我們又一次捕捉到客人的痛點，化為商機：搭高鐵能縮短交通時間，把時間放在更值得的體驗上。

「大人囝仔高鐵行」是現有高鐵假期的升級版，在同樣舒適與省時的前提下，加上「省錢」、「省力」與「深度主題」等訴求。參加「大人囝仔高鐵行」遊程，全家人都可以享受離峰時段特惠，為了省時、舒適而選擇高鐵假期，還能省錢，加重設計「主題探索」，讓旅人有所「樂」也有所「得」，賦予遊程新意義，提升整體旅遊的質感。

　　舉例來說，搭配高鐵的「八仙山谷關溫泉養生健走」不只泡湯吃美食，還免費提供團員「北歐健走杖」，舉辦健康講座，越走越健康；「學習體驗」主題安排雲林3個「全台之最」，到全

我和台灣高鐵公司總經理鄭光遠（右）一起推廣「大人囝仔高鐵行」，訴求「高速慢遊」的低碳旅行。

台最老的「雲林布袋戲館」欣賞表演，獨家深入戲台後方，跟著專業操偶師學習掌中戲樂趣；走進台灣最大蔬果批發地「西螺果菜市場」聽產地故事，最後到全台最知名的醬油聚落，親手釀製醬油，獨家規劃與職人互動與產品發想，都源自疫情期間和縣市間進一步奠基的深度溝通。

台北到屏東很遠？搭高鐵就快了。「懷舊文化」邀旅客搭高鐵到高雄，坐巴士轉道枋寮搭「藍皮解憂號」，找回青春時期搭乘藍皮普快車的回憶，並邀請曾登上「傳藝金曲獎頒獎典禮」壓軸演出的恆春藝師彈奏月琴，演唱《思想起》……這些細緻設計的體驗，都是為了給旅客「與眾不同」的感受。

運動養生、學習體驗、懷舊文化、藝術音樂、食農美食……，5大主題讓遊客依興趣選擇，每一季根據主題推出全包式行程，每次旅行都有新事物可學。

正因為我們創造了「有價值的旅程」，才有那麼多大人囝仔聚樂部的夥伴願意參加同行。

線上社群連接你我他

相較於年輕人率性出遊，隨遇而安，大多數長輩會希望問清

楚遊程細節。公司同事率先推動樂齡族專屬社群——會員專屬的社群官方帳號，可享有旅遊專員一對一的即時線上諮詢，系統會彙整每週最新的優惠行程及熱門資訊，一週兩次即時發布，想出遊？隨時掌握最新優惠。

因為只有參加過遊程的客人才能加入，會員對遊程有更多信賴。服務專員能即時將旅客需求轉告公司，更能保持與客戶的良好關係。2022年底又嘗試在FB上經營「大人团仔聚樂部——吃喝玩樂好康分享」社團，讓更多還沒有參加大人团仔聚樂部的遊客，有機會先一步接觸到豐富的樂齡產品。

接觸客人、接收回饋的過程中，我意外觀察到退休或銀髮族對於時事的觀察能力很強！他們希望公司安排前往的景點能與時事或是熱門話題有關，跟著新聞一起去旅行！像是季節性的賞楓、落羽松當紅時，客人就會詢問遊程。這或許也跟他們愛分享的特性相符，期待有更多精彩景點美麗照片，幫他們在社群上引起關注和互動。

藉由各種社群軟體的連結和回應，我們更瞭解長輩的需求，也期待這樣人與人的連結，能夠讓我們把服務做得更好。

15 感動的故事還在繼續

大人囝仔聚樂部從規劃和設計到實際執行，要花費更多的時間，為什麼我們還堅持到現在？

因為：我認為我們在做對的事，並在對的道路上努力。

最愛旅遊獎和孝親獎

剛開始推大人囝仔聚樂部，夥伴們還不理解：照以前遊程組裝食宿行遊購娛不就好了嗎？為什麼還要花那麼多額外時間去調研這些？

幾年做下來，大人囝仔聚樂部收到的感謝和回饋，讓團隊懂得：「我們真的在做不一樣的事情！」透過深刻的旅遊體驗設計，團隊不只是收穫了一位旅客，而是得到了很多年長的朋友。一年參加20次以上行程的夫婦檔就有數百對！

大人囝仔聚樂部滿周歲成果分享會的時候，我們找來合作夥伴，也透過公司的ERP資料庫，看到年長朋友用行動表達肯定，我們更要感謝他認同團隊付出的用心。

│叛逆，成就精彩│
只有想不到，沒有做不到的旅遊創意

還記得有一對老夫妻在一年內的週間，就參加過34次大人囝仔聚樂部的遊程，甚至已經認識工作人員！為感謝他們一路以來的支持，我們頒發了「最愛旅遊獎」；另外有個上班族女孩，不僅讓父母參加，自己也請假同行，一年內真的大手牽大手，參加了20多次的大人囝仔遊程，這是我們最期望看到的大人囝仔聚樂部旅客，我們也為他們的真情點讚，頒發了「孝親獎」。

　　印象最深的還有一位吳老師。她原本是大學老師，熱愛工作和學生，為教學奉獻半生，卻因罹乳癌被迫提前退休。像是被判了死刑，生活就只剩醫院和家，找不到重心，失去價值。她妹妹建議她不要整天待在家，報名大人囝仔聚樂部出來走走。癌症與身心健康本有關連，她在每趟旅程中認識許多新朋友，體驗到許多過去不曾接觸的新鮮事，一面接受治療，一面敞開心扉快樂玩耍，現在已經走出癌症陰影，她特別寫信來感謝大人囝仔團隊，也分享她重生的喜悅。

　　客人的笑容，是對我們最大的鼓勵。看到客人笑著和美食拍照，搶著拿起「我最妖嬌」、「我最美麗」、「最佳女主角」等手舉牌打卡時充滿歡樂的笑容，就覺得一切都值得了！

　　想想，我們竟然能夠替那麼多認真為家庭打拚的年輕人照顧

大人囝仔聚樂部感恩活動中，邀請客人分享旅遊體驗。

他們的爸爸媽媽，讓父母安心旅遊，自己安心工作，這真的是對社會非常有幫助的事情。而且企業是從不間斷、365天投入，持續服務，這才是真正的回饋社會，負起CSR企業社會責任，做到最好的方式。

樂齡，大家一起來

剛開始推廣樂齡旅遊時候，我像是樂齡旅遊傳道者一樣北、中、南、東、離島到處分享。樂齡市場有幾百萬人每天需要出遊，這不是一家企業能做得完或做得好的事，單是自己動起來，遠遠不夠。

先是跟內部分享為什麼要針對樂齡市場推廣量身打造產品？

樂齡旅遊又該有哪些服務？再接著是跟外部合作廠商如飯店、觀光工廠等服務產業鏈溝通，場域裡該提供哪些樂齡旅遊服務？飯店內是不是可以提供能夠補充熱水的服務？哪些場域裡可能要提供有扶手的協助？

因為希望能夠創造架構完整的樂齡旅遊產業鏈，我願意無私分享自己的觀察，讓更多人重新審視自己可以提供什麼樣的樂齡服務。隨著大人囝仔聚樂部被市場肯定，合作廠商也在調整服務配套後倍獲肯定，不斷有更多產業夥伴參與進來，我非常樂見這樣的發展，因為這是一種共同進化的過程。

未來我們推動樂齡旅遊的目標客群將更為廣泛，除65歲以上的退休族，50歲以上客群也會是我們的目標，畢竟大家的年紀都會逐步增長，這些人也是我們未來的潛力客戶。我們也期待有更多供應商加入樂齡旅遊產業鏈，投入這塊持續擴展的藍海。

另一方面，延續「客人陪客人」理念，我思考如何為退休的樂齡客群打造「大平台」。例如從參與大人囝仔聚樂部的會員中，找出退休「生活旅遊達人」、來自不同領域各有專業的「生活分享家」，邀請他們加入提供旅遊服務的陣容中，在旅遊之際，分享自己豐富的知識與生活經驗。曾擔任星象觀察或氣象工

作的夥伴，可以分享如何觀星、如何讀雲。曾擔任咖啡師或茶藝師的夥伴，可以分享如何品咖啡、泡茶。他們大半輩子工作和生活的豐富資歷與經驗，可能成為其他旅人某一趟旅程中的驚喜；更深度的交流，也能為彼此打開新的生活圈與視野。

從台灣到世界

我們努力多年的「大人囝仔聚樂部」是創造樂齡族的需求而滾動市場，觀光署也看到樂齡市場的需求，多次邀請我到北中南東和旅行業者分享推廣樂齡旅遊的經驗與心得，期盼台灣樂齡旅遊也能成為吸引全台和國際觀光客的新亮點。

2022年，觀光署啟動台灣樂齡旅遊品牌推廣，以美食、文化、生態、樂活為四大主題，推動「凰金Golden Years」樂齡旅遊品牌，公司也積極參與，規劃接待遊程、樂齡旅遊嘉年華成果發表會、舉辦論壇，期許帶動產業和社會關注樂齡旅遊能夠發揮出的效益，從中找出適合向國際推廣的方向與未來。

樂齡產業是個新藍海，世界很大，需要更多優秀的觀光產業加入！

交通部觀光署推動凰金樂齡旅遊品
牌，向台灣及國際發聲。

4

人生中最激烈的一場戰役

山不轉，路轉；事不轉，念轉。也許，看得見柳暗花明。

2020年，新冠肺炎帶著前所未有的全球性挑戰來襲，觀光產業從海景第一排，變成海嘯第一排。這是場全球浩劫，不僅對觀光產業造成嚴重打擊，相信也推動許多人對人生重新思考。

邱吉爾曾說：不要浪費每一次好危機（Never let a good crisis go to waste）。我奉為圭臬。每一次的危機，都是一次打磨自己的機會，誰來定義「好」或「不好」呢？只有把這些衝擊當做「一切都是最好的安排」，我們才能在其中看見「轉機」。

山不轉，路轉；事不轉，念轉。也許，看得見柳暗花明。

叛逆，成就精彩
只有想不到，沒有做不到的旅遊創意

16 我和伯樂的故事

進入旅行業39年裡，雄獅約28年，我歷經過亞大部、產品、業務、行銷等多個單位輪調和歷練，遭逢過SARS、金融風暴、新冠疫情等各式各樣危機，尤其是新冠疫情這三年，我學到最珍貴的一課就是：「只要意念堅定，從來不會看不到機會」！

我在觀光產業能有現在這樣豐厚的經歷，要特別感謝當初引我進公司的伯樂：王文傑董事長。

加入雄獅是1995年，那年我35歲，王董42歲。我對他第一印象是「非常帥氣」！一米八幾的個子，講話有禮，聲音宏亮又具強大吸引力，注重細節，對自我要求很高，穿著品味和待人處事，都很值得學習。他是標準的山東漢子，精氣神十足，在辦公室講話非常宏亮，30公尺內都能聽到。對我來說，王董就像是我工作上的導師，非常值得信任。

第一次見面，王董的牆上有個大型白板，他和我分享對公司未來的各種想像，從機票代理到資通訊發展。他是我見過少數極具戰略性思維的主管。看好網路科技的未來，1990年，王董就邀請現已退休的裴總經理參與公司未來發展，裴總其實是電子資

訊出身，一開始對旅遊並不瞭解，他加入後率領IT團隊，逐步建構起B2B、B2C、B2E（enterprise）電子商務，整合Call Center CTI系統，是公司從傳統旅行社轉型，提供網路旅行社服務的推手，那時王董已經感受到傳真機傳訊過慢，資訊不對稱無法即時回應等問題，他已想到若用網路同步傳遞，就能做到產業跨國極大化。

那個願景，或者就是吸引我加入雄獅團隊的原因。

私下的王董

王董是觀察入微的領導，還記得有次和他一起外出拜會，回到公司後王董遣退司機，把我留在車上，王董看著我，說：「昨天會議中，我看得出你對公司的決策是有些不認同的。你可以直說，沒有關係。」

我被他的敏銳觀察嚇了一跳，但也更佩服他的高EQ。

加入公司3、4個月，有一天，王董特別找我進他的辦公室，談起感謝我帶來許多讓他驚艷的成功案例，並給我一張30多萬的支票。在1993年，那是一筆不小的款項。

他說，不知怎麼說好，對你的創意只有「藝術」這兩個字可以形容，非常謝謝你！

那次受到的肯定，讓我非常感動。千里馬常有，但伯樂難尋。到今天為止，王董都像我的老師，我在他身上學習到許多，像是對工作的熱誠，永不放棄的動力。

王董也是不安於現況的人，他的視野總是在觀察、尋找標的，帶著團隊，不斷投資發展。公司最早是做歐美長線，我進來後開拓「亞大部」，

王文傑董事長和我在疫情期間，走遍台灣鐵道大小車站。

打開澳門及大陸市場，又前進日本……。從旅遊產品一直到整合行銷，都在王董全力擘劃下打開格局。王董很早就懂得多元發展，在避險的同時，做到全球化不斷拓展，這讓公司的腳步從不停止。

有天我從外地出差回家，太太說：你們公司有人來，在我們和室的桌子上裝了電腦和撥接電話。我進房也嚇了一跳，那時電腦主機和螢幕都很大，把和室桌襯得迷你起來。王董連撥接電話都準備好，希望大家在家裡就能夠熟悉上網工作。

當時我正在談專案，白天、晚上都很忙，我忙於談包機專案，有天王董把我請進董事長辦公室。

「好像公司裝了電腦後，你沒有開機過？」

「有啊，我第一天有開機測試！」

原來王董每天都會上線，但在對話留言裡沒看到我的參與。那時整個旅遊產業對於科技、數位化還非常陌生，王董的前瞻布局，讓我感覺和其他旅行社比起來像是在兩個世界中。雄獅當時就開始運用網路，打造ERP體系，做財會、業務等管理。只要電話能撥接上網，就能透過線上查詢，提供服務。

我本來就喜歡追逐科技和新事物，早在1996年，我已開始使用ASUS筆記型電腦，帶大哥大和PDA工作，這僅是個人喜好，但看到王董用撥接電腦管理國內外公司，勇於投資公司整體發展，帶著整個公司團隊升級，更讓人十分佩服。

17 天助自助，天道酬勤

2022年開春，除夕夜，公司得知新冠疫情爆發，率先宣布停止出團。從1／30～3／20，總計取消出團8.5萬人次。營業額新台幣25億瞬間蒸發。原本95%戰力放在出境旅遊，每天出國2、3百團，現在全部回縮，聚焦台灣。好長的一段時間，連出家門都不容易！公司作為觀光產業龍頭，怎麼破局？

從財報來看，2019年是公司營收最高的一年，達到新台幣302億，疫情撲來，2020年營收跌至65.5億元！2021年更墜入谷底，僅有17.6億元，縮水成2019年的5.8%。旗下有3,000多員工、1,400多位導遊，我們沒有放棄的權利，只能想盡辦法動起來。

疫情期間，董事會成員在內湖3樓會議開啟「疫情戰情會議」。當時董事會決定不領薪酬，總經理、副總以上領半薪，展現決心。特別記得聽見王董和美國女兒的對話，他很感性的說：「我失業了，沒有薪水了！」我們以態度支撐起公司！展現共同拚搏的企圖心。

即便是困頓經營，我們仍堅持一貫保障旅客安全的承諾。2020年3月，疫情導致秘魯戒嚴，緊急封鎖邊境，為了把受疫情

影響，滯留在秘魯的72位台灣旅客接回來，公司決定自費400萬包機接送，負起企業責任。類似這樣的案例，在公司比比皆是，我們以負責到底的態度，把危機化為轉機，讓旅客放心選擇。

有過SARS的經驗，我們知道當市場按下休止鍵時，反而是下一個商機大躍起的準備期，公司堅持不放棄的態度，激勵了彼此！巨大的危機來臨時，內部溝通的成本反而最低！因為認同公司理念，凝聚出的團結力量非常驚人。災難把我們擰成一股繩，還記得有同事說：如果旅行社都倒了，我們就是最後倒的那一家！如果真的不幸世界毀滅，我們也要戰到最後一刻，光榮而退。但如果市場回溫，我們就有充足準備，隨時可以上戰場，拔得頭籌！

重新認識台灣

原本出境海外旅遊有2,400多位同仁負責產品設計、採購、行銷、通路、門市、企業戶、Callcenter接單⋯⋯。疫情出不去，轉型深扎根台灣！原本國旅團隊只有170人，變成公司全員投入，組織快速重整重編組及布局，這像是從百人樂團變成千人多聲部大樂團的合奏曲！公司組織重新盤點、解構，把對應人才導入合適的場域，由主管群分工帶領，將台灣分為北北基、桃竹、

苗中彰投、雲嘉、南高屏、宜花東和離島等7大目的地，有人駐點訪查、有人談合作。公司高層搭著大巴全台走透透，拜會縣市政府、與產業交流、尋找商機。

截至2023年1月，高階主管在老闆帶領的1～3天「走透透」之旅，近三年來已全台跑了超過60趟，日以繼夜，東奔西跑，沒有假日，這是公司文化，是一群主管率領全球同事不斷突圍。這幾趟旅程讓我們重新看見台灣之美。很多同事出國上百趟，卻沒去過阿里山！團隊決定要做全台最大入境旅行社，全球送客來台！

一場席捲全球的重大疫情，卻變成以集團之力，重新認識台灣的新旅程。如果我們自己都不瞭解台灣，哪有能力去創造新的的旅遊型態，服務台灣和世界的消費者？如何成為台灣觀光國家隊裡面重要的成員之一？

王董說：要老天爺幫你，先要自己幫自己！天助自助，天道酬勤！

幸運的是，天佑台灣，我們還有台灣這個寶島可以耕耘。

農業部與雄獅旅遊共同推廣「為農業找通路，為觀光找出路」，為社會盡一份心。

叛逆，成就精彩
只有想不到，沒有做不到的旅遊創意

18 為農業找通路、為觀光業找出路

2020年4月，國際疫情非常嚴重，我們不斷尋求突圍。因為先前與農委會一直保持良好合作關係，我帶著公司同事拜訪農委會范主任秘書，詢問：

「集團現在1,200多位領隊和導遊，因為無法出團已經沒有收入了，有沒有農特產品可以讓他們銷售？」

「台灣很多農特產品無法出國！正需要人手一起推廣！」

團隊在4月27日共同推出「為農業找通路，為觀光找出路」聯合推廣記者會。拿著透明行李箱，裝滿蔬果農產，向台灣民眾推薦農產與農遊產銷新通路。也喚起民眾對於台灣農業與休閒旅遊的新一波支持。

團隊嚴選農委會百大農業精品，透過「農委會＋雄獅」雙重認證，挑選出具有產銷履歷、國際獎項、在地職人等特色元素商品，整合集團線上500萬會員與線下門市通路據點，提供會員於「欣嚴選」平台下單優惠，並以忠孝概念店為示範店，逐步推廣至全台40間指定門市，融合集團龐大的採購力、脈絡力、銷售力，串聯起農委會的一級花卉生鮮、二級加工伴手禮與三級農遊

體驗，開創台灣農業與旅遊產業產銷通路合作新局。

那時，公司拚「營收」的四支箭均與農委會密切合作，直指內需市場。第一支箭與政府偕同「產業振興與推廣」，第二支箭強化安心出遊的「國民旅遊」市場，配合休閒農場的體驗遊程，第三支箭以「Lion Select雄獅嚴選」支持台灣小農良心耕種，嚴選優質在地農產品與農業精品伴手禮，第四支箭是「欣食旅」的餐飲事業，從產地到餐桌主打「好肉好菜好健康，自由自在」！

當旅遊產業只剩下一個核心「台灣旅遊」，公司團隊就成為十足的「台灣粉」（Taiwan Fan），呼籲台灣人一起深度體驗「台灣之美」，走進農場與山林等戶外場域，旅遊無憂，展現「台灣觀光」的全球價值。感謝疫情期間一起拚搏的同事們，有你真好。

疫情期間公司與農委會（現在的農業部）合作，總部一樓接待大廳也成為花卉展示的海洋。

叛逆，成就精彩
只有想不到，沒有做不到的旅遊創意

19 Oh海呦！搭郵輪台灣跳島趣

　　2020年6、7月，公司與基隆市政府合作，推出星夢郵輪「探索夢號」國內跳島4天行程。當時郵輪因為防疫疑慮，被許多國家禁止靠港，探索夢號成為第一艘全球復航的國際郵輪，更讓郵輪產業帶動觀光內需！2020年8月2日起至9月2日，每週日從基隆港出發，行經澎湖、金門或馬祖，共5航次，一次可體驗澎湖花火節、金門戰地風光、馬祖藍眼淚。邀請旅客搭乘全球第一艘復航的星夢郵輪「探索夢號」，大喊Oh海呦！跟著我們台灣跳島去！

　　星夢郵輪「探索夢號」啟航跳島之旅，為台灣拿下疫後三個第一：星夢郵輪探索夢號是全球第一艘復航的郵輪；基隆成為第一個復航的郵輪母港；澎、金、馬也成為全球第一個迎來國際郵輪旅客的島嶼！郵輪開航，也一次解決旺季機位及住宿一位難求，並首度在國際郵輪制高點上，讓旅客欣賞海上花火節及漫威無人機表演。

　　我和團隊在疫情期間不斷尋求突圍，從離島觀光、鐵道旅遊到山林旅遊，推出各種國旅遊程。做了很多嘗試。後來因為疫苗一劑難求，我們看到民眾「打疫苗」的急迫性。2021年，內部花了6天討論要如何讓國人能夠打到疫苗？6月，我們和長榮航空合作，推出關島包機自由行「Air V&V」（疫苗旅遊），帶民眾到關島來一趟健康旅行。

　　關島是美國屬地，疫苗相對充足，一開始想把旅客送到關島，卻發現當地許多地接服務已經暫停，我們乾脆直接到關島自己接送，住宿地點主要是關島凱悅酒店，以及關島PIC太平洋島渡假村，上午接機、分房，下午把5天前來台的旅客送上飛機，就這樣飛了14架次，服務了3千多人次。

　　原先規劃抵達關島後，旅客在關島下機先提供PCR陰性證明，並於機場簽署自願隔離證明，之後還必須全程待在指定飯店，後來7月4日政策修改，外籍旅客免隔離，旅客可以外出旅遊，吸引更多旅客前往。下榻的飯店會派人來機場接送，或由雄獅協助接待。這時出遊的就不一定是想打疫苗的旅客了，加上關島還提供100美元購物金，可用於指定巴士、計程車、租車、當地旅行社、餐廳及商店等地方，悶久了的旅客，也很開心。

　　不過，每回接送機，大家也是「心驚驚」，因為旅客們雖然想來關島度假兼打疫苗，卻也害怕在飛機上感染，搭飛機的遊客從飛機走出來，上

百人都是身穿白色防護服、戴護目鏡，像是參加太空旅遊的裝扮，非常震撼。那段時間關島的觀光客只有我們，沙灘上都是台灣人在享受陽光、海風和海浪。遊客打完疫苗，享受短暫假期後回台，針對想打完兩劑才回台灣的旅客，我們還加開了22天21夜的機加酒行程。

我們把旅客需求放在第一位，才會有這樣的創意遊程。

送客往返的空檔，我帶著同事登上關島最高峰——海拔4,060「公分」的「閃電山」插國旗。從海平面高度來看，閃電山並不高，但如果從關島西南方深達10,911公尺的馬里亞那海溝最深處：挑戰者深淵起算，這個高低差就是世界第一了！長約4.3公里的登山步道有些陡峭，並不好走。但大家一路抱著挑戰高峰的心情「披荊斬棘」，沿途充滿激情與歡笑，那一趟說走就走的旅行，至今印象難忘。

關島攻頂最高峰閃電山，對我來是一個說走就走的終極旅行體驗。（圖／作者提供）

郵輪下午啟航，上午遊客還可以到基隆半日遊，由於郵輪只載國內旅客，旅客相對安心，當時有2萬多人搭郵輪到金門、澎湖等地旅遊，我們派了許多國際導遊到離島，帶領國內團。台灣是唯一推動大型郵輪在國內跳島旅遊的國家，還一度因此

叛逆，成就精彩
只有想不到，沒有做不到的旅遊創意

被CNN報導全世界僅有一艘郵輪在移動，觀光就在「TAIWAN HI！」，讓更多國家看見台灣的防疫實力。後來，繼「跳島遊」之後，我們又推出了郵輪「環島遊」。

2020年7月，雄獅舉辦記者會，盛大推動郵輪跳島行程。

20 花若盛開，蝴蝶自來

我跟團隊積極跑到各縣市政府拜訪，看有什麼資源？幾趟「走透透」下來，在跟縣市政府的溝通中，我們發現真的有許多事可以做，團隊開始慎選專案，積極投入。當我們有好的創意構想與行動計畫，資金就會來找我們！我們不服輸的努力也被看見。那段時間，我們團隊和地方政府一起，推廣許多創新旅遊。

疫情期間，反而是大家最忙碌的時候，有些主管被分派到台灣各地去「深蹲」，在地扎根，開發商品；行銷部門無法賣遊程，改協助商品部推網購商品；我們搭配母親節活動，在雄獅嚴選賣過花，幫花農綑綁2、3萬束花到處送，花束把公司大樓空間都堆滿了。我們還協助尖石鄉果農採水蜜桃，打包裝箱，做物流運輸，送出幾千箱的水果，遊覽車與福斯T5小型巴士被用來運輸農產品！為滿足員工及周邊需求，公司還成立「小獅堂」做便當賣飲料，高階主管親自洗菜切菜包便當，除了員工自己享用，也送到有需要的善心機構或醫院。

那段期間，員工全體總動員，大家忙起來，為台灣多做一點事，賺一點快樂，也找一點商機。坦白說，疫情期間的忙碌，不

是為了獲利，看到總部及全台上千位同仁突然無事可做，頓失重心，擔心大家的鬥志減損，我們心裡也是慌過的！所以想盡辦法找工作、找合作回來分工，大家手上有事忙，就會覺得自己在這個當下對這個社會有用，我們做的許多事，也確實幫助到社會上更多同樣辛苦的人。即便當時賺的錢完全不敷管銷費用，但只要我們還在並肩作戰，團隊就不會散！

「有事做」如此幸運，沒有人喊累！我們積極求存，而且仍在尋找「差異化的產品」。一旦找到目標，我們又快速重新編組迎上市場，公司就像變形蟲團隊組織，快速重整及分工。

2020年5月，看見台灣軌道觀光的發展實力與政府願景，臺鐵局更推出美學列車及場域規劃，大舉推動鐵道觀光，我跟團隊迅速參與，重新定義鐵道旅遊新主張，以策展活動、結合地方創生等概念，標下藍皮解憂號、鳴日號與鳴日餐車等，也開始後半段的軌道經濟新動能。

組織團隊要像變形金剛，因應戰場，隨時可以變換職能。

打造軌道奇蹟
──iF服務獎

當觀光產業開始建構「鐵道觀光」概念,搭火車團體出遊漸漸被許多人接受,大家或許有所不知,我和我父親都為此盡了一份力。

台灣鐵道旅遊的推廣與發展，也有我父親的一份心力。父親多年帶團走國內外，看到國外鐵道觀光的前景，深覺得台灣也可以！但那時火車票是相當稀缺的資源，必須提前1、2個月有公文申請，還不一定批准。旅行社想要經營遊程，確有難度，因為大家都沒有把握可申請到車票保障出團！

1983年，我父親在建安旅行社擔任董事長時，推動成立「環島鐵路旅遊聯營中心」，以旅行社共同包列的方式，與臺鐵合作，固定每天開一列車往返花蓮，讓散客報名成團，在業者共同推廣下，幾乎天天客滿，非常搶手。臺鐵也看到商機，2000年左右擴大和旅行社合作，推出觀光環島彩繪列車。觀光產業已開始建構「鐵道觀光」概念，搭火車團體出遊被許多人接受，但那時所謂的「觀光列車」仍是以「載具」功能為主。早年，我也是鐵路旅遊推手之一。

太麻里迎曙光

1999年12月31日，台灣因921地震受到重創，為重振國際和台灣民眾對寶島台灣的信心，中時媒體和公共電視聯絡英國BBC電視台，爭取參與「千禧年迎曙光」的轉播，成為全球第76個參與這項盛事的國家。我和團隊拜會台東縣縣長規劃整體活動，

並向臺鐵申請四輛火車環島，每列載500人，總共2,000人，呼應「環抱台灣，迎向2000年」的議題，在太麻里會師，一起迎曙光。

　　列車上也有活動搭配，安排導覽廣播，製作硬卡車票、還有特製的圓形紀念便當、環島紀念章。鄉公所在海灘上舉辦「千禧迎曙光音樂會」，並安排在地商家設棚擺攤，銷售農特產品，因為湧進太多旅客，銷售一空。為了這個案子，團隊還租怪手平整太麻里的砂礫海灘，請工讀生在海灘上架開500頂帳棚，設置2千多個睡袋，供參加搭火車環島迎曙光的旅客休息，只是大多數的旅客都坐在沙灘上聊天，等待日出。雖然那次只看到雲層裡射出的太陽，但後來整個東海岸都帶起追日風潮。

1999年12月31日到2000年1月1日的跨年往返車票，記錄當年千禧年迎曙光的環島跨年。（圖／作者提供）

東海岸迎曙光後來形成跨年追日的風潮。

這次活動吸引近20萬人次造訪太麻里同跨千禧年一起追日，一舉將台灣的太麻里推向國際，「太麻里迎曙光」也因此聲名大噪，迄今仍是台灣迎曙光的第一亮點。

鐵道觀光與軌道經濟

　　軌道經濟一直是我關注的領域，當初和公司王岳聰總經理向董事長報告：「我們一定要做鐵道觀光！」就是因為軌道經濟有準點、高速、不塞車、有飲水及隨時可上廁所等服務，這些對旅客，特別是樂齡族群而言非常重要！

　　從運輸延伸到觀光服務，需要有完整的體系配合。如何以專業優質服務營造好的「體驗」是創造優質「鐵道觀光」的關鍵。並結合ESG理念，推動大交通——鐵道旅遊＋在地旅行的軌道觀

2019年，我和現在的交通部觀光署署長周永暉（左）一起推廣集集線彩繪列車「國立集集美術館」。（圖／作者提供）

|叛逆，成就精彩|
只有想不到，沒有做不到的旅遊創意

公司推動「台灣場域樞紐」，銜接軌道經濟交通大動脈。

光，是團隊致力推動的台灣觀光新版圖，同時也延伸日本、歐洲、加拿大等地高端或主題觀光列車，推動「鐵道觀光」主題旅遊全球發展。

不只台灣，從日本、歐美到非洲，公司團隊很早就開始做鐵道觀光旅遊，經驗豐富，並正以「台灣場域樞紐」規劃未來台灣觀光整體戰略，以旅遊觀光樞紐（Regional Tourism Hub）的軌道大交通＋在地接駁服務，提供無縫旅遊接送服務。

公司與臺鐵的合作，像是兩輛火車切換進同一條鐵軌後彼此銜接，駛向同一個方向。

21 做一個鐵道夢

2019年，臺鐵局再推出環島觀光列車升級版，但評價不如預期。當時的臺鐵局局長張政源決定成立「臺鐵美學設計諮詢審議小組」，啟動臺鐵美學復興運動，召集多位美學設計專家，並最後找來柏成設計參與舊車廂改造。

臺鐵局還擬定了觀光場站美學升級、觀光路線升級改造、觀光車輛升級計畫、禮賓場域服務升級和區域鐵道旅遊中心等五大鐵道旅遊策略發展方向，從旅客需求與產品導向出發，從車隊、場域到遊程，遴選專業旅行業者合作經營，進一步推動鐵道觀光成為台灣觀光新亮點。

2020年5月，臺鐵局投入鐵道美學升級，8月，鳴日號設計獲得2020日本設計大獎（Good Design Award），看見新的可能，公司團隊全心投入台灣軌道觀光。

我們盤點全球的鐵道服務，從過去帶旅客搭乘國際各式觀光列車的經驗中，尋找自己希望被滿足的需求，從體驗者的角色，轉換為經營者的思路。國際鐵道觀光大致上可分為特色車身設計、特色路線規劃和高端頂級列車等類型，有些為了觀景而設置

我和王文傑董事長在南迴最美車站——多良參訪。（圖／作者提供）

了超大觀景窗，有些與地方特色結合打造彩繪車身，營造出「火車就是風景，風景就是火車」的意向，大多著墨在車身特色與地緣故事，沿線風光是主要重點。

至於高端的旅遊列車，像是日本九州七星號、TRAIN SUITE四季島號、曙光瑞風號等，也是近年才有的奢華系列，訴求高端享受，一個人的費用可能高達3、40萬，則屬於另一類頂級客層，這類國際奢華列車之旅的推廣，公司也在2023年達到推廣目標。

JR東日本創造旅遊董事長大友信介曾說：設計不只是外觀，

還是實際影響旅客對於旅行的印象與感受，能否沉浸在旅行的重要角色；鐵道旅行跟其他旅行除了形式差異，最大的特色是它的「悠閒感」。客人乘坐感受的提升、無障礙空間的規劃，都是對這趟鐵道旅行的期待。他對結合沿途在地活動的建議，也讓我們受惠良多。

後來臺鐵局系列標案開標，我們團隊取得了鳴日號、鳴日廚房、藍皮解憂和臺鐵局全台禮賓候車室經營權，開啟全新的鐵道美學旅遊體驗。

乘客變旅客，接待變款待

一趟鐵道觀光遊程，前後得動用近百名團隊同仁，把「接待」變「款待」。鳴日號、藍皮解憂號，是我們團隊為台灣鐵道觀光全新設計的作品。

若說臺鐵局「運輸」在服務「乘客」，我們推出的「鐵道觀光」就要是服務「旅客」。乘客只要手上有票，即便在火車開動的最後幾分鐘才跳上車也隨意！但旅客不一樣，旅客在幾個月前報名，我們就必須知道旅客需求、年紀幾何？這趟跟誰去旅行？要或不要什麼體驗，這些都得提前規劃！因為我們的鐵道觀光，提供的是完整包套服務。

|叛逆，成就精彩|
只有想不到，沒有做不到的旅遊創意

這回，觀光列車不是賣「車票」，是賣「生活」與「文化」探索，是因為看到了場域經營的重要性，提出對移動空間和固定空間進行策展活動規劃，將沿線的車站與鄉鎮納入資源整合的規劃。打造全新的鐵道觀光服務新風貌，找出旅客痛點，又是一個新挑戰。

團隊作戰

承接鐵道旅遊對公司團隊來說是個大挑戰，以「旅遊觀光樞紐」改變旅遊型態與生態的理念，除了車上服務之外，搭同列車的旅客在下車後，可以有不同主題，住不同地方，參與觀光列車營造的專屬體驗，離站後轉乘巴士進行後續旅程。他們有共同記憶，也有各自美麗。

要做到這樣的服務，背後需要整個團隊分工打造！在策展之初，需有創意團隊構思當季產品整體設計與理念，有產品部門根據理念來規劃遊程細節，有通路單位如門市、電子商務等夥伴銷售給旅客，有行銷團隊透過網站社群、廣告報導來強化亮點推廣，最後還有稽核單位，來確認每一次的活動是否落實。這還不包括車上現場執行餐車服務及管家服務的同仁、後面運送行李的物流團隊，以及訓練部門的人資單位等後勤，全程提供以客為尊的精緻服務。

22 臺鐵新美學：鳴日號觀光列車

2020年12月31日，「鳴日號」美學觀光列車首發，「日出號」、「合鳴號」分別由台北、台中出發，在太麻里相會，迎接2021年第一道曙光，首發團贈送客製化「鳴日禮」：包含毛毯、盥洗包、拖鞋、手環、手札、搭乘證書和紀念明信片，行程上架即秒殺完售，呼應1999年推太麻里迎曙光的鐵道環島大會師，20年後，新一代鐵道觀光啟航。

鳴日號每一節車廂都有管家服務，給旅客豐富體驗，處處是驚喜。我們連續兩年特地標下阿里山的冠軍咖啡，由職人手沖，免費提供給旅客。鳴日號也有專屬的口罩、毯子及高質感的紀念品，而精緻、可微波的餐盒，充滿設計感的乘車紀念卡，專屬車牌等備品，都涵蓋在鳴日號的精心設計內。

不管是不是鐵道迷，選擇搭乘「鳴日號」，都是把「鳴日號」當成主角。他們在鳴日號上打卡，和鳴日號一起合照，著迷於從鳴日號看出去的無敵美景，開心分享車上的手沖咖啡和特色美食。這是台灣鐵道觀光新品牌魅力，也是對服務滿意度的行動肯定。

準備出發的鳴日號。

鳴日美學·台灣設計

　　鳴日號是由莒光號改造，斥資1.7億元大變身。如何用列車外觀說台灣故事？鳴日號的「橘」，取自莒光號70年老車的顏色，以橘色環繞列車，像列車環繞台灣；為帶出低調奢華感，選擇了蔣公使用列車的「黑」，整體呈現「High class」的感覺，火車頭的V字線條也保留下來。內裝方面，以現代設計保留部分臺鐵舊時記憶。鳴日號觀光列車設計師——柏成設計創辦人邱柏文對於鳴日號榮獲「2020日本設計大獎Good Design Award」也深感驕傲。

臺鐵新美學：鳴日號的設計，獲得眾多獎項。

|叛逆，成就精彩|
只有想不到，沒有做不到的旅遊創意

導入設計力的五感五星服務

要讓鐵道觀光成為旅行台灣的難忘印象，創造「感動」和「回憶」就是服務的核心目標。從有形的視覺空間美感，到無形的服務體驗，鳴日號以設計過的細節，改變整個遊程體驗，透過五感，讓使用者體會到差異。

引進航空服務理念，打造獨立接待跟報到的專屬通道、迎賓儀式，規劃行李專門託運，提供鳴日號衍生備品和紀念品。下車後的旅行方式及安排也經細心規劃，讓整體服務流程前後有完整理念連結。

什麼是產品設計力？我們從客戶體驗設計的行前階段就已開始規劃，從夢想、計畫、預訂到準備出發，藉由鳴日號品牌營

遊客從在車站報到開始，就能體驗鳴日號氛圍。

造，創造讓人起心動念的亮點，安排專屬客服團隊回應問題，提供多元訂購管道。再透過行前說明會、特製邀請及通知等方式，讓旅人出發前就有滿滿期待，迫不及待參與這場盛會。

接著，就是豐富「五感」營造出的有感旅行。

搭乘鳴日號，到專屬櫃台報到，在客服人員微笑中，領取客製化車票、手冊及紀念品，把行李交給工作人員，輕裝出發。通過引導經VIP專屬通道來到亮眼的鳴日號，上車後，旅客先入眼的是鳴日號經過iF設計認證的車廂美景。進入列車後深呼吸，舒心的「鳴日香」帶來沉靜感。專為鳴日號打造以花蓮和台東植物，如樟樹、柚、玫瑰等，精心調配出木質草本調的優雅「鳴日香」，以味覺導進入旅遊情境，旅客只要一搭上車，就能呼吸到舒適香氛，陪伴這5天的旅程。這是夢想假期的味道！

鳴日號提供的管家服務，讓遊程倍感尊榮。

|叛逆，成就精彩|
只有想不到，沒有做不到的旅遊創意

列車啟動後，或戴上導覽耳機聽導覽專員介紹列車設計理念、或放空自在欣賞窗外飛掠的風景、或走到吧台車廂品嚐台灣特色點心，來杯手沖冠軍咖啡，一邊感受咖啡濃郁香氣，邊欣賞超大觀景窗映照的如畫風光。旅程中行經特定路段，如宜蘭龜山島附近或多良－瀧溪附近時，特別減速到30公里／小時，放慢速度欣賞海岸風光，巧妙的節奏感調整，也為遊客帶來沉浸式的視覺饗宴。

隨著緩慢移動的風景，心情也放飛。在活動車廂裡精緻的大留言本上手寫心情，拍下標註日期的鳴日號擺飾打卡。到站後，在資深領隊帶領下，空著手穿過月台，轉乘在外等候的大巴，新的城市小旅行即將展開……。

空手旅行是一種幸福

搭火車旅行的「痛點」是什麼？當然是沉重的行李箱。尤其是攜家帶眷的家族旅行，光想著要拖大包小包的行李上下月台，很多人可能就望之卻步了，那5天可能不是來旅遊，而是像去健身房練舉重！因此，我們特別投資數百萬元，購買兩輛有電動升降機的貨車，並訂製行李箱架，妥善運輸行李，由兩組人馬協助，把行李直送飯店，讓客人下車時可以釋放雙手與心情，輕輕

公司將鳴日號專用巴士外觀打造得像小一號的鳴日號，黑色車窗有防曬功能，還能保護貴賓私密性。

鬆鬆去旅遊。

驚喜還在出站後，公司花了數千萬，買了四台鳴日號專屬 Volvo 450型大巴士新車接送貴賓。外觀塗裝和鳴日號神似，當旅客走出車站，看到小一號的鳴日號，也會露出微笑或哇一聲驚嘆！

有一回，行李因故延宕沒趕上抵達終點站的火車，同事當機立斷讓客人先回家，再由專人一件件把行李安全送到府，讓客人非常感動。

我們對客戶的態度，決定客人對我們的態度！

策展──有目的的旅行

鳴日號熱賣，還有一個重要原因：每一季的鳴日號產品，都是一趟策展之旅。

有計畫的服務設計體驗，讓每趟旅行都感受不同，我們在「移動場域」與「固定場域」加入「策展」理念，搭配當季活動主題，甚至準備了國家樂團、歌手、變臉等演出項目，讓每一趟出遊都是「訂製化」。車上體驗不僅接軌國際，更超越國際。

叛逆，成就精彩
只有想不到，沒有做不到的旅遊創意

透過策展型的旅程規劃，每趟鳴日號旅程都有自己的特色。同事還遇過一對夫妻已搭乘鳴日號6次，對每次的主題活動仍充滿期待！我們也配合客戶需求量身打造客製化遊程，甚至還有新人包列邀親友同遊！

除了旅客的肯定，我們也獲得旅行同業的認可，「鳴日號寶島經典7日」遊程入選2022年品保協會入境旅遊類金質獎——國際魅力景區旅遊組獲獎行程。

23 風光佐盛宴：鳴日廚房觀光列車

　　繼大受好評的「鳴日號」後，2022年推出的2.0版「鳴日廚房」更班班爆滿。這是台灣少有的頂級享受，我們設定鳴日廚房的五大品牌定位是：

　　1.專屬：鳴日廚房才有的獨特享受。

　　2.尊貴：尊榮、質感、價值、具稀缺性。

　　3.差異：市場的差異化——獨一無二。

　　4.私密：打造不受打擾的沉浸感受。

　　5.五感：藉由視覺、聽覺、嗅覺、味覺、觸覺，賦予獨特品味。根據這些定位，我們再設計整個服務流程。

鳴日廚房以流動風景佐餐

　　鳴日廚房設計人邱柏文曾說，「鳴日廚房」是根據台灣人用餐習性量身打造的精品行動餐車，以西方當代風格融入台灣元素，從座椅、音響到燈光營造，完全落實他的設計構想。相較於鳴日號還有部分設計需遷就已有的設備，「鳴日廚房」可謂是「鳴日號」升級的2.0版。他依據自己設計眾多餐廳時研究光線對食物影響的經驗，聚焦燈光與周遭環境設計，營造出「怎麼拍

｜叛逆，成就精彩｜
只有想不到，沒有做不到的旅遊創意

都美」的餐桌美學。

鳴日廚房觀光列車包含一個穿越廚房、一節26人餐廳車廂、一節28人餐廳車廂，共54人座，其中有傳統的兩人及四人桌、創新吧檯桌和時尚感圓桌等，將餐廳搬進車廂。要在火車上同時供應54人份的餐食，除了要維持美味，還得考量供電系統、用水限制等挑戰！

有了令人讚嘆的餐車設計，還要有令人驚艷的頂級美食。香蒸貢寮九孔佐香烤竹筍與松露白酒醬、冬山名產櫻桃鴨清湯佐煙燻鴨胸與溫泉蔬菜、主廚現烤頂級無骨牛小排襯甘藍笈白筍與葛瑪蘭刺蔥醬汁、花東紫心地瓜甘甜拉麵瀑布與香濃生乳捲……這些台北晶華酒店主廚設計，媲美米其林級美食的菜色，一聽就令人垂涎三尺。

鳴日廚房的服務，也經過細緻的設計。

空間、餐點、服務、氛圍，都看得到用心之處。

公司與晶華國際酒店集團聯合推出「鳴日廚房‧菁華饗宴」，以國際觀光列車為標準，打造「移動的五星餐廳」，結合在地風味與高檔食材，搭配餐盤妝點，每道菜如同精緻藝術品，邀貴賓一邊欣賞台灣美麗的鐵道風光，一邊品嚐台灣食材烹製的佳餚。連上菜的時間點與火車行經的景點如何搭配，都經過縝密計算。

像是在石城－大里以30KM緩行段，服務人員端上迎賓香檳和第一、二道前菜，緩慢帶入用餐的節奏，以美景佐餐。停靠漢本車站期間，安排享用餐前麵包、主廚湯品和鳴日廚房主餐，讓客人好好用餐以及享受窗景。最後在和平－崇德30KM的緩行段，享用甜點、飲品。

|叛逆，成就精彩|
只有想不到，沒有做不到的旅遊創意

　　為什麼5天4夜的鳴日廚房環島行程能賣到近10萬元？精心設計過的遊程與體驗，已能與國際「九州七星號」、「東方快車」等在行動餐車上享受米其林級美食的頂級觀光列車比肩，甚至超越服務！

　　不僅是晶華酒店米其林級美食，我們還規劃邀請其他五星級酒店在鳴日號上發表新菜、尋找年輕創意名廚師合作，展演台灣在地美食；在將「台灣鄉村美食精緻化」後，台灣農村的「田媽媽」料理，未來也有機會登上鳴日廚房，以套餐方式呈現。

　　2024年，臺鐵計畫增加一列台式美食廚房列車，讓國際觀光客深度體驗台式美食文化！未來鳴日廚房還會有什麼美味上桌？敬請期待！

24 南迴微笑：藍皮解憂號觀光列車

鳴日號的成功，讓臺鐵局的新美學成為顯學，改裝大成功，那「將復古進行到底」的藍皮解憂號呢？2020年底正式停駛的藍皮普快列車，經過10個月的整新復舊工程，轉型為「藍皮解憂號觀光列車」。

為什麼會停駛？因為車子太特別。沒有冷氣只有電扇，亞洲僅剩台灣還有這款列車。「乘客」不來，承接藍皮解憂號的我們，改找「旅客」。

能夠開窗賞景的藍皮解憂號，讓遊客與美景間無距離。

站站皆停的普快車，曾是南迴重要的通勤工具，花了一年時間，公司團隊尋訪在地文史工作者，訓練一批深諳在地文化又會說故事的導遊。3個小時的遊程，導遊在每一站都能「爆料」，有別於現代鐵路全封閉的車廂，穿梭隧道，山林海天與黑暗交錯閃現，火車車輪在鐵軌上滾動時轟隆的響聲，略帶刺鼻的柴油氣息，提醒我們過去開鑿山洞的歲月有多麼不易。

　　我們在車上準備了150台分享器，希望優化旅客體驗的完美性，導覽老師輕聲解說，透過解說分享器從耳機裡傳來的介紹，讓大家對當年開拓南迴鐵路的先人充滿敬意，也對沿途小站充滿好奇。如果想要放空，不受干擾地享受美景，只需取下耳機，世界只屬於你和窗景。

　　作家劉克襄曾以「解憂」形容搭乘感覺，再加上車廂重新塗裝成復古「浪漫藍」，取名「藍皮解憂號」，既有懷古之意，又賦予觀光列車「忘憂」的期許。從傳承來看，藍皮解憂號可說是臺鐵的「行動博物館」，展現臺鐵昔日精湛的列車打造工藝。把當年的故事，一點一點留在旅客心裡。

藍皮解憂號穿行的多良車站與太麻里的台版「灌籃高手」平交道，都成為沿路的一種風景。

藍皮、懷舊風

　　以柴電機車頭牽引，悠閒慢速，沒有空調卻可以開窗吹海風。充滿懷舊風的綠色座椅、經過隧道時略顯昏暗的燈光……，專程來搭藍皮解憂號體驗復古氛圍的旅客不在少數。老一輩帶著兒女來分享當年故事，創造新的旅遊記憶。對臺鐵來說，這是一次成功的列車修復紀念，也是一次成功的創新，只要有良好的規劃遊程搭配，通勤載具也能變身觀光列車。老車甚至更容易吸

引國際觀光客，來感受當年風采。2023年6月，《南方，寂寞鐵道》紀錄片上映，帶我們重溫那一段過往。

修舊未必比創新容易，藍皮普快車使用的電風扇早已停產，臺鐵非常用心的將舊型電風扇重新整理修復。內裝牆板、天花板顏色及日光燈燈罩，盡可能復原成當時樣貌。車上也有隱藏版的新物件，像是車內日光燈全數改為LED日光燈管、已經損毀的長條座椅需重新製作；車窗玻璃、窗玻璃邊框及窗櫺依原樣全數更新，其他結構如懸吊系統拆解檢查、車體骨架焊補、電氣線路更新等，保障行車安全是第一優先。

除了列車本身的改造，沿途車站的變化，也是臺鐵美學重新塑造與整理的重點。

藍皮解憂號的「老物件」，在臺鐵引進新車後，都成為懷舊的寶藏。

|叛逆，成就精彩|
只有想不到，沒有做不到的旅遊創意

南迴鐵路的通車圓了台灣鐵道環島的夢，和南部、東部成功的連結和交流。「藍皮解憂號」以行駛南迴鐵路為主，共行經14個站；其中，台灣最南的火車站「枋山站」已成無人車站，卻是進入南迴眾多隧道群的起點，還能眺望台灣海峽與觀看日落。臺鐵為枋山站重新整修了現代化的新月台，但保留當年老車站的量體與外觀，讓旅客重溫過往。

藍皮意象館

為了紓解一車次百餘人的大量聚集，公司團隊在枋寮站附近打造了「藍皮意象館」，作為藍皮解憂號報到處與活動策展場域。

藍皮意象館前身是過去臺鐵南迴鐵路員工閒置宿舍，現在煥然一新，變成「南台灣打卡熱點」。老房子賦予新靈魂，更有了全新使命。門前招牌白底藍字的「下一站解憂」，既點出讓遊客報到後搭乘藍皮解憂號的功能，也是邀請旅客來一趟解憂之旅。

館內有靈活策展空間，介紹藍皮解憂號觀光列車的過去與未來。入口處設置的大型火車頭造型LED燈，讓旅客一到訪就可以感受到藍皮解憂號的完整意象。

藍皮意象館提供周邊商品與策展解說，既是報到處，也是導覽站，藍皮意象館首展時，展出
藍皮解憂號的前世今生。。

|叛逆，成就精彩|
只有想不到，沒有做不到的旅遊創意

台灣海岸線的最美微笑

　　南迴鐵路沿線，是全台橋梁、山洞最多的路段，藍皮解憂號從枋寮出發，繞過台灣南端，形成微笑弧線直抵台東，沿途可以欣賞台灣海峽與太平洋的絕美海景，被譽為是全台最美的軌道風光。走過的特色站點包括有最美車站稱號的「多良站」、最南端的車站「枋山站」、最大的小站「加祿站」、隱藏版的祕境「枋野站」等。

　　從枋寮到台東的南迴鐵道路線，經過多次修改調整，也是環島鐵道最後才完成的一段路線，和最晚達成電氣化的路段。找出不一樣的亮點，藍皮解憂號行經這些站點時，就能透過導覽解說

藍皮解憂號由枋寮站起步。

或腳踏實地的感受，重新喚起對小站故事的印象。

內獅到枋山的路段，最能感受「凌空觀海」的美景，從枋山穿往中央山脈時，能窺見一覽山林溪流之美。全台第二長的「中央隧道」多達18個大小隧道，車輛在大海和山洞間不斷閃現。尤其在大武出金崙隧道後，窗景重現絕美海景，能欣賞到海天一線的遼闊天地……。這些南迴鐵道獨有的景致，為藍皮解憂號體驗再加分。

為什麼藍皮解憂號能夠獲得德國iF服務體驗設計獎？如果你搭過刻意為你在南台灣最美海岸線慢下來，以時速10公里的速度

藍皮解憂號上的月琴表演，每一季邀請不同的演奏家參與。

|叛逆，成就精彩|
只有想不到，沒有做不到的旅遊創意

在南迴鐵路沿線，停在金崙站的導覽活動，邀請當地耆老講述故事、逛市集，推動在地經濟增長。

緩速前進，只為讓你多一點時間，靜靜欣賞車窗外海岸線美麗的浪花向你緩緩迎來，或許你也能感受到我們的用心。我們還透過策展，安排許多車上的活動，讓旅客可以在遊程中感受在地氛圍，像是月琴談唱等。

更加分的是從藍皮解憂號下車後的延續行程。以金崙站為例，我們特別安排停留70分鐘，來趟部落小旅行。走出金崙車站即是靜謐的排灣族小村落——金崙部落（卡拿崙，Kanadun）。可逛逛創意市集，採買溫泉小農販售農特產品。車站的左邊是「台東最美隧道」金崙隧道，只要穿過隧道，呈現在眼前的是一望無際的湛藍大海。部落導覽老師穿著傳統服飾，帶領大家走讀

行走南迴美景的藍皮解憂號，推出後已有超過10萬人次搭乘。

| 叛逆，成就精彩 |
只有想不到，沒有做不到的旅遊創意

金崙，介紹在地生活與信仰，探訪聖若瑟天主堂、創意市集，再到海邊欣賞美景。

　　藍皮解憂號的旅行，實踐以友善的方式愛護生態環境，感受在地生態多樣性，減少對生態影響，以行動支持旅遊目的地的社會文化保存及地方經濟，例如金崙社區透過社區導覽，認識並尊重地方傳統及文化，並以吃在地、用在地、享受在地服務，幫助當地地區發展，形成善的循環，這是我們想做的循環旅遊，永續樂活。

小故事
和父親一起環島，跨越世代的傳承

父親是最早提出台灣鐵道觀光並行動實踐的人。

走遍世界，父親看到許多國家著名的鐵道旅遊，覺得台灣獨特的地理環境正是適合推廣鐵道觀光的地方，1982年，父親拜訪臺鐵局，提出鐵道觀光建言。1983年，父親和臺鐵局「站長」張振源簽約，推動「環島鐵路旅遊聯營中心」成立，和許多旅行業者一起推廣北迴鐵路莒光號花蓮遊程。可以說：他把北迴鐵路觀光化了。

但那個年代，民眾多把火車當成載具，業者包裝產品以交通運輸為主，雖然訴求把列車體驗當做旅遊的一部分，但深度有限，後來環島鐵路旅遊聯營中心解散了。但當時曾參與過的許多業者，從此在心中埋下了「鐵道旅遊」的種子，繼續以各種方式結合鐵路、高鐵等載具，推動軌道觀光，我也是其中之一。

27年後公司對臺鐵局提出鳴日號標案，積極爭取經營，由我來做簡報，和我簽約的是臺鐵局「局長」張振源，父子相繼推廣鐵道觀光，都和同一人簽約，也許是老天爺的安排，也非常難得。

父親在2021年10月23日晚上18:06離世，高壽93歲，當天早上我在

叛逆，成就精彩
只有想不到，沒有做不到的旅遊創意

這天早上，我在屏東枋寮出發的藍皮解憂號上做簡報，正式啟動
南迴鐵道觀光，趕回台北，與父親道別。

屏東和許多長官們一起參加南迴鐵路的藍皮解憂號鐵路觀光啟動儀式，
趕回台北，我跟他說了上午自己參與南迴鐵路觀光化的推廣後，不到一
小時他就離開了。

　　他推動了北迴鐵道觀光，我完成了南迴鐵道觀光銜接，我們彷彿一
起完成了觀光環島。

　　爸，這一「迴」，我做到了。

25 穿越百年故事：阿里山森林鐵道

　　我非常喜歡阿里山，搭乘阿里山森林小火車，是令人難忘的經驗：跟著小火車一路搖擺上山，到奮起湖老街吃便當，住在山上，一早起來看日出、雲海、賞花賞景……。父親和哥哥跟我說過許多阿里山的故事，還有各種傳說，這些都成為我推廣阿里山的豐厚寶藏。

阿里山夜未眠

　　1995年，因為阿里山上住宿一房難求，但我又很想推阿里山之旅，怎麼解決住宿問題呢？乾脆不住！於是顛覆市場，推出「阿里山夜未眠」！遊程週五晚上10點從台北車站出發，旅客一路在車上休息，搭車到嘉義大約3點，買火車票上山等日出。賞完日出後，從祝山走阿里山步道、遊覽阿里山國家森林遊樂區、三代木、姊妹潭、神木等。這顛覆了當時的阿里山旅遊體驗，推出後大受歡迎，首發團就走了40幾輛大型遊覽車，遊客千餘人，我自己也大為驚訝，原來有這麼多人喜歡阿里山！

　　為了瞭解客源市場，我觀察首發團組成，原本以為會想要跟

叛逆，成就精彩
只有想不到，沒有做不到的旅遊創意

著「衝景」的旅客應該都是年輕人，結果大為驚訝，有7成以上都是樂齡族群！有時候我們評估的主力客源市場未必到位，但勇敢的去執行，卻創造極大迴響，這些年來約有6～7萬人次參加，也是行銷很有趣的例子。「阿里山夜未眠」非常火，媒體也因為創新行程大幅報導。近年因為遊覽車司機工時調整限制為10小時，導致一趟遊程得派兩位司機，成本稍高，公司才停辦。但現在坊間以「阿里山夜未眠」為題的遊程還非常熱絡。

有文化，才有感動

為什麼特別關注阿里山？除了鐵道與美景之外，阿里山還有豐富的生態與林業文化人文資源。台灣阿里山森林鐵路，是亞洲地區海拔最高的窄軌鐵路，並且是用充滿創意的路線設計，讓阿里山小火車以之字型的方式慢慢爬升。搭乘小火車上山，在迴圈與折返的軌道上穿行，可以看到因為海拔分布和四季更迭而多樣化的地景樣貌，和山脈溪谷層層相疊的美麗景致，這是台灣非常重要的山林寶藏。

我們整理阿里山旅遊資源，帶著遊客體驗森林及原住民文化，從人文角度，以「獨特品味」讓行程保持溫度！當時在阿里山伐木的人是如何生活？為什麼阿里山以林業文化為主體？巨大

搭阿里山林鐵穿梭山林與車站之間，聽領隊說故事，更能領略到阿里山的文化特質。

的木頭如何載運下山，又怎樣送運到日本，變成日本巨大鳥居的支柱？透過故事的敘述，還原當時阿里山的生活樣貌，才能讓旅客「有感」。

看好嘉義與阿里山的旅遊發展，公司團隊近年投入「大阿里山計畫」，以林業文化園區做為轉運Hub，推動「山林旅遊經濟學」，配合周邊產業創造更多商機，帶動台灣及國際旅客親近山林。這呼應阿里山2024年全線通車後，農業部林業及自然保育署投入60億經費，推動「大阿里山軸帶百年躍升建設計畫」，持續

|叛逆，成就精彩|
只有想不到，沒有做不到的旅遊創意

優化林業鐵路設備，把阿里山打造成國家級山林瑰寶的規劃。我
們期待繼續參與，把阿里山美景推向全世界！

搖晃上下山的全新規劃

　　農業部林業及自然保育署阿里山林業鐵路及文化資產管理處
（簡稱林鐵及文資處）是從2018年7月1日接管臺灣鐵路管理局阿
里山森林鐵路管理處而成立，主管阿里山林業鐵路（下稱「林
鐵」），帶來阿里山林鐵旅遊的新規劃。

全新的「福森號」與阿里山林鐵全線通車，是嘉義與阿里山旅遊最值得期待的盛事。

　　農業部爭取前瞻基礎建設計畫軌道建設經費，復建阿里山林業鐵路42號隧道，加強維護鐵路沿線安全，打造新式機車頭及車廂。林鐵及文資處也規劃了新的車廂美學。其中，以檜木為主體打造的「福森號」備受關注，試車活動就吸引許多人追隨拍攝。而阿里山鐵路42號隧道也規劃在明年年中啟用，屆時阿里山就能全線通車，更將為嘉義地區帶來新的觀光熱潮，這也是我們非常期待的新格局。

　　這兩年，我們和林鐵及文資處合作，推出「阿里山林鐵獨家包列」系列遊程，每週獨包2列阿里山森林火車，以公司團隊豐富的行程規劃和團體

操作能力，安排專屬的導覽老師隨團解說，獨家規劃停留在海拔743公尺高的獨立山第三觀景平台，可以俯瞰嘉南平原的最佳視野，迄今已獨包專列近250列次，服務2、3萬人。搭乘獨包專列，還能獲得專門訂製的票卡及紀念證書，帶領旅客從鐵道的視角探尋阿里山文化。

除了常態化的遊程，為滿足旅客多元需求，我們也規劃多種季節性套裝行程，像是3～4月櫻花季賞櫻的蒸汽火車鐵道小旅行。初春的阿里山堪稱賞櫻勝地，山櫻花、吉野櫻、八重櫻等粉色花海相當壯觀。透過巴士交通接駁，一趟鐵道之旅還可以銜接阿里山悠遊吧斯鄒族文化部落，品嚐無菜單料理。

入秋後，接下來是賞楓季節，我們也會推出賞楓遊程，有高端的遊程，主打阿里山深度旅遊，專以小包團客製化行程，4人即可成團！搭乘專屬商務旅行車，全程配有專屬司導服務，甚至提供到府接送服務，讓行程更升級。阿里山林鐵結合公司的服務，還可以有無限的想像。

2024年，從嘉義北門車站經竹崎、獨立山、奮起湖、二萬平、阿里山神木到阿里山車站，全線車站完工通車，相信阿里山風華將有另一番新風貌。

公司團隊與林鐵合作，規劃獨家設計的主題行程。

|叛逆，成就精彩|
只有想不到，沒有做不到的旅遊創意

26 低碳輕旅！兩鐵列車

　　低碳旅行怎麼玩，騎鐵馬當然是最減碳又健康的選擇，但畢竟不是每個人都有一鼓作氣單車環島的體力，於是，結合鐵道與鐵馬的兩鐵旅行，堪稱是最佳方式。台灣是單車製造大國，再加上有政府和觀光局耗資20多億元大力投資，打造16條單車路線，具有先天優勢——這些都是我們的資源。我想打造「沒有汽、柴油的旅行」，與海天美景最接近的花東是最佳的選擇，讓環境不「低歎」。

兩鐵之旅，讓低碳旅行更加便利。

以往自行車是專業運動、是自我挑戰。現在把運動和觀光結合，一般人不需要「單車環島騎13天，回家躺3天」。完全可以搭配火車把長途路程解決，把漂亮風景和「慢遊」留給單車。這樣精彩的設計，也讓我們榮獲品保協會「2022金質旅遊行程」肯定，以「兩鐵旅遊列車」行程奪得「金質低碳雙鐵旅遊組」獎項。

愛車跟我走

結合單車的鐵道＋單車旅行概念，已不是第一次推出，但以往騎手的腳踏車必須拆解組裝，放入攜車袋搭乘非對號列車，或是得搭乘非對號車，自行保管車輛，且不能妨礙到其他旅客搭乘。現在終於配套設有專用駐車架的對號車車廂，騎手可以跟愛車自在同行。

「兩鐵旅遊列車」除了有行李接送、保母車和補給品等基本配備，環島團安排至少6人組成的專業領騎團隊，負責帶路嚮導、安全維護，甚至還有沿途導覽講解。隨團有專業技師處理緊急狀況，破胎維修、落鏈都免煩惱，再贈送兩鐵水壺、兩鐵騎乘證書等好禮，頂級騎旅團的配備，也是企業貴賓團隊最佳示範。

量身打造的兩鐵旅遊企業團，是未來的ESG遊程的最佳示範。

騎遊不鐵腿

　　這是市場上最單車友善的旅遊商品，運用火車與巴士接駁方式串起多個臺鐵車站，替單車族省去查找單車運送特定班次的困擾；列車上規劃專屬置車架，人車同行，不需自備攜車袋，搭車時能隨時注意單車減少誤觸損傷。住宿方面，結合主打環保標章旅館的單車友善飯店，像是福容大飯店等，館內特別提供單車維修站、專屬停放空間等單車友善措施，帶著愛車旅遊沒煩惱。

|叛逆，成就精彩|
只有想不到，沒有做不到的旅遊創意

騎單車橫跨菲律賓與歐亞兩大板塊，也是騎遊台灣打卡的重要地標。

兩鐵旅遊列車以「小鎮漫遊」為核心，深度探索。以花東行程為例，帶旅客騎行於亞洲唯一橫跨兩個板塊的花蓮玉富自行車道、台東鹿野龍田綠色隧道，走訪阿美族文化發源地太巴塱部落。環島遊則可一次網羅自行車5大必訪路線，像是北台灣第一條以鐵路隧道改建的舊草嶺隧道、能遠眺關山鎮美景的關山環鎮自行車道、隨嘉南大圳而建的山海圳綠道、位於國境之南的大鵬灣自行車道，以及享有宜蘭版伯朗大道美名的三奇美徑等，輕鬆完成環島壯舉。

「兩鐵旅遊列車」不僅是單車族出遊首選，也適合一家大小同遊共騎，我們依客層設計了3種團型，有每日平均騎行約45公里的「單車團」、結合大巴接駁的「休閒團」，以及想享受追風快感，又擔心體力不足的親子旅客專屬的「電輔車團」等，完全可以根據客人的需求，量身打造。

新兩鐵單車體驗

以「運動」為重點的兩鐵是第一代的兩鐵旅行，今年我們更想做的是「休閒觀光」。

想像一下從兩鐵列車下車後，行李有專人負責送到飯店，遊

愛車跟我走，讓騎遊更輕鬆。

客可以直接從鐵道轉換到鐵馬，直接開始遊程，深入地方。這是快慢隨心的旅程，有專人領路，不用停下來找該在哪兒轉彎，有電輔車的配套，無需擔心體力不繼；盡情享受騎遊單車道的悠閒，舒心朝下一個私房景點邁進。

這幾年經營鐵道旅遊，培養出團隊的新能力：透過與臺鐵的溝通與合作，我們可以根據火車的行動電報，規劃出專屬遊程，完美與鐵道運載銜接。我們知道火車怎麼停靠各站、如何掉頭、機組人員如何排班，該如何與他們搭配，臺鐵的規律和雄獅的創

意，讓每個站點的感動可以精準規劃，為旅客帶來眾多驚喜。

這台兩鐵列車也有些特殊之處。它是1977年打造的莒光號改裝，設有5節「人車同行車箱」，每個車廂內都有16個座位與15個車架，另外還附掛1節有52座位數的「客座車廂」，總共132個位置。老車型有著厚實的沙發座，相較於現在的車款，搭乘起來更舒適；車上的圓營造獨特氛圍、大橫窗則是看海的的絕佳體驗。

不論是在兩鐵列車的導覽、精選低碳地方餐飲的合作與背後故事，還是和織羅等部落合作推廣深度體驗的串聯，這一整條的遊程體驗和細緻服務，都必須完整貼合「低碳」這個理念需求，並且讓所有旅客能夠感受、覺得「值」！那才是我們創新遊程的最終目的。

UNI宜花東13站

從兩鐵列車到單車旅遊，我們還在拓寬服務層面，推出「UNI」宜花東13站。

在東岸鐵道沿線，從宜蘭沿線的頭城、冬山，花蓮場域的新城、花蓮、壽豐、鳳林、光復、瑞穗、玉里，到台東轄區的

池上、關山、鹿野、台東各站，這13個車站旁，全新的服務品牌「UNI」登場，與東部鐵道旅遊的觀光發展緊密結合。13站有些是車站本身的服務場域，有些是與商家的合作服務，一貫的精神是將「獨特」的概念實踐在場域服務加值上，用大交通銜接在地的方式，提供「甲地租乙地還」的服務，旅客可以嘗試小鎮內短程體驗，也可以挑戰長程騎行，讓東部遊程有更嶄新的串接。

設置UNI宜花東13站為單車補給站，是推動綠色旅遊的重要一環。

UNI宜花東13站首推電輔車出行，電輔車得「踩」才能「動」，這是相對省力的「踏遍全台灣」！既可以享受速度感，也確實有雙腳「騎遊」的樂趣，連武嶺也能夠踩著電輔車攻頂。此外，電輔車的充電裝置也是一般家用110V插座就能滿足，不用非得找到專用充電柱。搭配甲地租乙地還的模式，也讓遊程添增了「住一晚，繼續騎」的餘裕。騎單車是最舒適的旅行方式，看到美景隨時可以停下來拍照，還可以深入鄉鎮探索，想要自在悠遊東岸美景，選對品牌更安心。

鐵道車站周邊往往是一個城市的交通中樞！這回，到站後不用急著找在地交通轉接，到UNI宜花東13站選擇最想要的行動方式，以優雅而漫慢的姿態，前往下一個體驗或驚喜。把低碳與樂活結合，是與在地契合的節能旅行推廣，也有著友善環境的訴求！最想要的還是讓旅客以「不耗油」的方式，降低旅程中的碳排放。以「大交通」銜接「電動車」的旅程，對我們的地球更友善，讓旅行中實踐環保概念，成為正向的有機循環。

另一方面，沒有駕照的國際旅客，也可以選擇鐵道＋電輔車等配套，以最完美的方式，用雙腳踏過宜花東美景。我們已在為迎接國際旅客練兵，做最充分的準備。

UNI花蓮站點位於花蓮站附近,提供
單車、電動輔助自行車等租借服務,
24小時最低150元起,提供簡易維
修、水源補給與淋浴設備。有些站點
則是與商家合作,共推在地觀光。

　　未來,我期待位於鐵路車站沿線觀光資源核心區的UNI宜花
東13站,不僅是電輔車、電動機車、汽車等交通載具租借地,更
是打開地方文化生活體驗的平台,提供自由行遊客沿線探索祕境
路線、美食體驗、文史故事和住宿推薦的最佳諮詢報到窗口,再
結合電子票券與超商物流,讓旅客邊騎邊逛邊購邊分享,以低碳
且深入在地的「鄉鎮輕旅行」模式,在每個站點開出美麗的花
朵,並落實慢旅行、綠色旅遊。

27 美學體驗──iF設計大獎

　　台灣觀光與鐵路產生關連，最早是1960年代臺鐵推出的第一台有冷氣的「觀光號」，老一輩迄今還記得當時車服人員倒茶的的絕技：一手執壺，單手打開杯蓋穩穩沖入熱水再蓋回杯蓋，車再晃也一滴不漏。那個年代多是自由行，觀光號只是高檔一點的交通工具。後來台灣的鐵道旅遊也增加許多包列出遊推廣，但較難跳脫「交通工具」印象，因為車輛限制，能增加的體驗有限。

　　現在，我們在從抵達車站開始，就把生活、時尚、美學、風格和設計融進遊程體驗，將鐵道的「乘客」轉為「旅客」。他們和來去匆匆的乘客不同，更講究列車上的各式服務與體驗；他們不會急著趕赴下一個目的地，因為旅程本身就是他們的目的。這樣的「旅客」，不僅能為地方創造食宿遊購行等多樣的價值，還能帶來龐大產值，為鐵道觀光提升層次。

iF設計獎讓全世界看見

　　更令人驚喜的是國際方面的肯定！今年，公司營運的「藍皮解憂號」和「鳴日廚房（The Moving Kitchen）」均入選2023德國

叛逆，成就精彩
只有想不到，沒有做不到的旅遊創意

iF設計獎（iF Design Award）的「服務體驗設計」！能自全球超過56個國家、近11,000件的參賽作品當中脫穎而出，在今年共計75件得獎作品中，一次贏得兩項服務體驗設計獎，還是在德國這樣嚴謹的國家得獎，證明我們的服務已有世界級超高標準的認可。

單就設計方面，「鳴日廚房」也贏得2023 IIDA「REVEL in Design」、「餐廳、酒吧」室內設計大獎，2022年日本Good Design設計獎、日本2022 Kukan Award金獎、年度最佳永續設計，以及2022 Architizer A+Awards交通類Popular Choice Winner等國際獎項的肯定。不用我們說鳴日廚房設計有多好，全世界有品味的人都會關注。

獲獎，對我們來說意義特別深刻。作為世界上歷史最悠久、最具盛名的設計競賽之一，德國「iF設計獎（iF Design Award）」自1953年成立以來，一直被譽為「設計界奧斯卡」。iF Design表示，「鳴日廚房」獲獎，是因為「通過成功結合旅遊、餐飲和交通的服務設計和酒店標準，這種體驗最終成為一種在移動列車上的奢華生活方式。此外，它的知名度和卓越性有助於台灣登上全球版圖。」

在公司團隊共同努力下,鳴日號與藍皮解憂號獲得「服務體驗設計」服務大獎。

叛逆,成就精彩
只有想不到,沒有做不到的旅遊創意

這樣的評語，讓我們更肯定經營策略是正確的。

好的服務，會被整個世界認同。

南方寂寞鐵道不寂寞

2023年10月20日，公司包場邀請曾參與藍皮解憂號設計和服務，包括產品、行銷、通路、導領、列車管家、品牌和媒體公關，共101位同事去看《南方，寂寞鐵道》紀錄片，一方面是犒賞同仁的努力服務，另一方面也希望讓同仁更瞭解南迴鐵道的故事與背景。

這部紀錄片是2017年由金馬獎導演蕭菊貞帶著團隊，搶在台灣環島鐵路最後一段南迴線電氣化工程前，用影像記錄即將消逝的鐵道地景和火車。他們採訪當年規劃的工程師、開隧道的工人，挖掘出這段美麗又危險的鐵道耗時11年興建的歷程。影片中也介紹沿線各站的變化、前線鐵道員的生死挑戰、沿線商家的興衰等豐富故事。紀錄片從人文角度回顧南迴鐵道興建過程的艱辛與鐵道員的挑戰和堅持，笑中帶淚。2023年6月上映後大獲好評，也更讓人瞭解南迴列車為什麼叫「寂寞鐵道」。

聽著陳明章的電影音樂，看著那些篳路藍縷的奮鬥經歷，我自己也十分感動。影片對參與過藍皮解憂號的夥伴別具意義，跟著影像閱讀這段歷史時，銜接了我對藍皮解憂號的體驗。原來我們幾分鐘穿過的隧道，是這些人琢磨敲打數年的成果，那些一度棄用的小站，如今又在臺鐵局重新規劃下煥發新生，鐵道員的生活著實不易！

看完影片，好幾位同事跟我說非常有感，尤其是長期在藍皮解憂號上面服務或帶團的同事，許多片段或路段都非常熟悉，也因為如此，聽到有趣的片段，他們在影院裡的笑聲特別響亮。還有導遊回饋我：以後有更多故事可說了！

因為藍皮解憂號的推出，如今的南方寂寞鐵道已經不再寂寞。我們在2年內送了超過10萬人前往！謝謝開拓南迴鐵道的功臣，因為你們的付出，才有今日完整的環島鐵路與美麗的「南迴微笑」。我們會繼續為南迴鐵道旅行創造更多感動，也把你們的故事傳述給更多人聽。

|叛逆，成就精彩|
只有想不到，沒有做不到的旅遊創意

公司包場分享《南方，寂寞鐵道》電影，讓團隊非常有感。

服務與設計

服務包含了看得見與看不見的種種細節，要用心且認
真的面對。

有一年，我跟著父親到東京迪士尼認識相關設施，大部分旅客入園後從右邊進場排隊玩遊樂設施，父親卻帶著我從左側走，他說這一大早，左邊進場不用排隊。路上我們遇到一位穿著小丑服飾的迪士尼員工，他一面跟著音樂跳舞一面揮舞著掃帚和畚箕打掃，樂在其中。父親和我默默跟了10分鐘，小丑即便轉進沒有人的側巷倒垃圾，還是開心地跳著舞。

父親問我，你看到了什麼？

我深刻感受到，迪士尼是個創造歡笑的地方，在每個場域都要營造快樂氛圍；即便走進沒有人的場域，仍堅持扮演好自己的角色，樂在其中。這給我很大的啟發！服務不只來自內心真誠，還要深刻瞭解在這次的工作中，我們扮演著什麼角色，認真演好、過好每一天。即便是一個打掃的小丑，他也在「日常工作」中提供了「歡樂」，與迪士尼的終極目標一致。

這也是我對待工作的態度，在服務中為世界創造新的價值。

28 設計創造價值

　　觀光業也是「服務業」，如何服務？服務是傾聽客戶的聲音後，實地瞭解他們的需求，提供讓他們滿意的「最適化」服務內容。我和團隊期待提供給旅客的，是「設計過的服務」，為旅客找出最適化的方案。

　　設計是尋求流程改善或更好的溝通方式，無論是服務設計、遊程設計、體驗設計、服裝設計、建築設計、平面設計、網頁設計或是流程設計……所有的設計，都是基於用戶需求，在正確時間、地點，使用適合的工具，採取正確的行動，解決旅客問題，為用戶創造價值。

　　整個設計流程，是從產品本身的概念出發，步驟大致如下：

一、確立你的目標、目的、願景。

二、擇定你的TA、並瞭解目標受眾（Target persona）

三、組織團隊、凝聚共識，組織工作坊（Work Shop）

四、繪製設計前、後的客戶旅程地圖（Customer Journey Map）

五、進行持續不斷的優化、最適化調整，並莫忘初衷。

其中，團隊的打造，是產品能否獲得市場認同的關鍵。這些團隊可以是公司產品、通路、行銷的分工合作，也能有外部的合作夥伴。只要是有共同的願景，同樣的方向，就可以分工共贏，把好的理念接力傳下去。

特色創造經典

一個經典產品是如何創造出來翻轉市場？以藍皮解憂號為例，我們找出藍皮解憂號的幾大特色：懷舊（Nostalgic）、輕

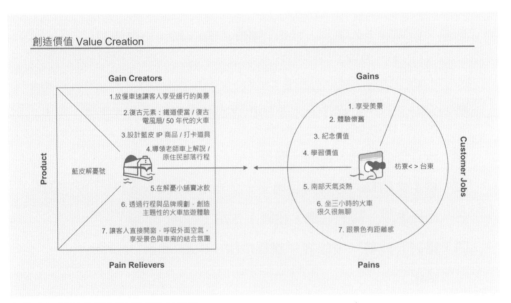

為藍皮解憂號的遊程賦予價值的思路。

| 叛逆，成就精彩 |
只有想不到，沒有做不到的旅遊創意

鬆（Lighthearted）、解憂（Restorative）、質樸（Rustic）、親民（Approachable）和年代意義（Chronicled），並把這些概念運用在所有接觸點，觀察旅客需求，策略回應並賦予新的想像：

1. 旅客想享受美景：列車放慢速度讓旅客感受緩行的美感。
2. 旅客想體驗懷舊：團隊強化復古元素，像是鐵道便當、復古電風扇，從而感受50年代的火車特質。
3. 旅客要有紀念價值的商品：所以特別設計設計藍皮 IP 商品和打卡道具。

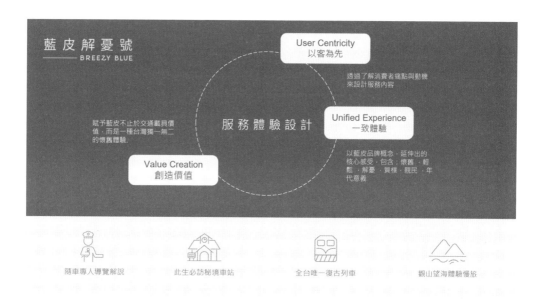

根據整體規劃，藍皮解憂號的服務體驗設計概念。

4. 學習價值：旅客想要學習新知，我們安排導領老師車上解說，和原住民部落導覽。

　　除此之外，我們也看到旅客還有一些痛點待解決：

1. 南部天氣炎熱：藍皮解憂號的解憂小舖加賣冰飲。
2. 三小時的車程，久坐可能無聊：團隊透過行程與品牌規劃，創造「主題性」的火車旅遊體驗，包括策展、表演、互動等。
3. 搭車和窗外景色有距離感：邀請客人開窗，呼吸外部空氣，享受微風拂面、美景與乘車結合的氛圍。

　　落實概念，變成可以推出、有經濟規模的作品，還有許多細項分工需要內、外部團隊攜手合作，這也是遊程中最具挑戰性的部分。

打磨客戶旅程地圖

　　從體驗內容進展到策略步驟，以「時間軸」衍生「故事」，是重要的一環。公司團隊在規劃時，就繪製出「客戶旅程地圖」，設計每個環節的節奏與輕緩高低，這是為了讓旅客有更好的體驗。畢竟一趟旅程，不可能從頭到尾都在高峰，這樣不僅旅客情緒可能過於緊繃，服務團隊要花費的成本也過高。

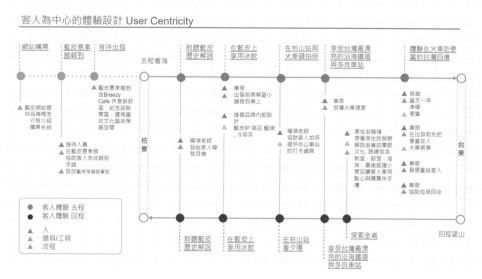

藍皮解憂號以客人為中心的體驗設計。

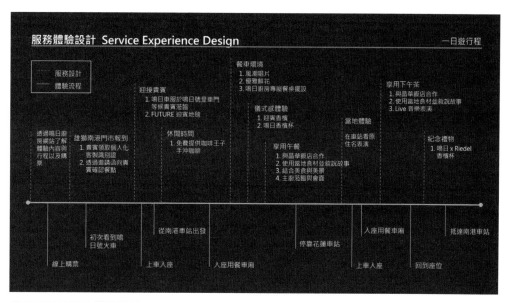

鳴日廚房的服務體驗設計。

如果說設計理念像是故事大綱，設計過的體驗就像是一個舞台腳本，在前台每一幕的演出，背後都有無數人持續付出、支援、即時配合，牽動著台下觀眾（旅客）的心情。

　　每一次的遊程，就像是一場舞台演出；舞台劇團會根據劇本與觀眾反餽，不斷調整、進步。產品也是一樣，需要不斷的革新與創新。旅客喜歡嘗新，「有新意」非常重要，每個景點停駐時強調的重點都不同，要能在每個環節放進恰到好處的服務和創意，才能恰如其分的創造感動和滿足。

　　細緻度，是讓產品升級為作品，邁向完美的關鍵。

叛逆，成就精彩
只有想不到，沒有做不到的旅遊創意

29 永遠有更好的

　　把服務升級成體驗，參與才能讓消費者有感。「客戶旅程地圖」精心規劃了讓消費者參與的角色、步驟和程度，還有他們可能的感受與進一步的需求。一趟旅遊中，涵蓋人員訓練、遊程設計、供應商選擇、表演場地、餐飲、音樂、味道、燈光……這些被安排好的過程一幕幕上演，我不想讓這些精彩謝幕。

　　很多市場熱銷的產品，像是煙花一時絢爛，攀上高峰後就是下坡！因為推出的團隊沒有準備「再創高峰」，只是享受高峰。只有不停的研究、演化、全然投入，讓旅客感覺高潮迭起，高峰不斷，才能讓旅客記憶深刻，願意一遊再遊。我們想讓每趟遊程都營造出不同感受，以客制化吸引客戶重遊。 即便是鳴日號、鳴日廚房和藍皮解憂號已獲得口碑肯定，但到今天，我們還在優化、成長，因為這個體驗還沒有做到最極致，我們還在尋求進步。

　　不論是觀光列車或是創意產品，每一回推出「策展議題」或「客製化遊程」，都需要額外花費許多人力與心力，這些巧思布局都是成本。但即便因為客製化需要付出高成本，我們仍想以最

Breezy Blue Service Experience Design
<u>Written Statements</u>

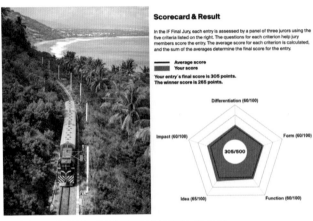

Scorecard & Result

In the iF Final Jury, each entry is assessed by a panel of three jurors using the five criteria listed on the right. The questions for each criterion help jury members score the entry. The average score for each criterion is calculated, and the sum of the averages determine the final score for the entry.

▬▬ Average score
▓▓ Your score

Your entry's final score is 305 points.
The winner score is 265 points.

Differentiation (60/100)
Impact (60/100)
Form (60/100)
305/500
Idea (65/100)
Function (60/100)

Idea What was the task? Why is it relevant?
Why is the idea appropriate?
Form Why does it look the way it does?
How does it engage the target group? How is it made?
Function Why can it be used with ease?
Why does it work well? How does it serve the user?
Differentiation Why is it new? How does it support the brand?
Impact What targets have been reached?
How does it serve society? Why is it sustainable?

	Your score				Average scores		
	Preselection Juror 1	Preselection Juror 2	Preselection Juror 3	Preselection Score	Final Jury Score	Final Jury Overall	Category	Discipline
Differentiation	70	60	60	63	60	56	58	55
Form	60	80	50	63	60	57	63	61
Function	60	80	60	67	60	56	56	59
Idea	80	60	60	67	65	57	68	67
Impact	70	70	60	67	60	53	61	60
Final Score				326	305	279	306	302

藍皮解憂號獲得iF服務體驗設計獎的評分表。

The Future Kitchen Service Experience Design
<u>Written Statements</u>

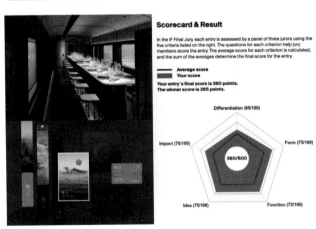

Scorecard & Result

In the iF Final Jury, each entry is assessed by a panel of three jurors using the five criteria listed on the right. The questions for each criterion help jury members score the entry. The average score for each criterion is calculated, and the sum of the averages determine the final score for the entry.

▬▬ Average score
▓▓ Your score

Your entry's final score is 360 points.
The winner score is 265 points.

Differentiation (65/100)
Impact (70/100)
Form (75/100)
360/500
Idea (75/100)
Function (75/100)

Idea What was the task? Why is it relevant?
Why is the idea appropriate?
Form Why does it look the way it does?
How does it engage the target group? How is it made?
Function Why can it be used with ease?
Why does it work well? How does it serve the user?
Differentiation Why is it new? How does it support the brand?
Impact What targets have been reached?
How does it serve society? Why is it sustainable?

	Your score				Average scores		
	Preselection Juror 1	Preselection Juror 2	Preselection Juror 3	Preselection Score	Final Jury Score	Final Jury Overall	Category	Discipline
Differentiation	60	30	60	50	65	56	58	55
Form	60	70	70	67	75	57	63	61
Function	60	50	60	57	75	56	56	59
Idea	80	40	80	67	75	57	68	67
Impact	10	30	60	33	70	53	61	60
Final Score				273	360	279	306	302

鳴日廚房評分號獲得iF服務體驗設計獎的評分表。

好的遊程與演出，提供給搭上列車的每一位旅客。

從iF服務體驗獎的評分表可看出我們得獎的關鍵：我們為客戶創造全新的體驗與價值，並在行程中創造社會價值。好的服務體驗設計未必得是個完整的流程配套，也許是在一個環節中，創造對簡單問題的全新解決方案，也許是在普通任務中優化工作流程和效率。多解決一個小問題，就可以為產品增加一份價值感！

藍皮解憂號、鳴日號、鳴日廚房，都是我們精心打磨出來的作品。兩年來，搭乘藍皮解憂號的旅客已超過10萬人次，搭乘過鳴日號的旅客也超過了1萬人次。無數的心血投入，都是為了希望讓國際看到台灣以軌道銜接在地文化的特質。

產品VS作品

體驗過台灣服務品質的旅客，都覺得台灣服務業很棒！但在國際上，只行銷台灣高科技如晶圓廠、電動車或金融產業，很少關注服務業。鳴日廚房以及藍皮解憂號都得到iF「服務體驗設計獎」，讓我們看到真正提升服務的價值。

現在，我們和同仁做任何流程規劃時都會自問：產品的「服務體驗設計」是什麼？我們是否滿足了消費者的痛點？如果沒

有，那就只是自爽，交了一張「60分」的答卷，達標，但是並不出彩。消費者無法確切感受到我們的用心。

察覺「痛點」，來自「感同身受」。我們必須先自己當做消費者，審慎思考每個環節，找出我們自己對這件事的期待，基於此提前「布局」，做出「滿足」消費者當下需求，甚至是「超越滿足」的體貼。讓消費者顛覆他以為的可能，創造驚喜，讓消費者好奇：接下來會是什麼？

好的服務體驗設計，能直擊消費者心靈。

解決消費者痛點，進而創造驚喜，這樣的服務體驗設計才有感：「哇！我還沒說，你竟然知道！」甚至是「哇！竟然還有這個！太棒了！我要跟朋友分享！」

我們還可以再創新、再細膩、再貼心，為每趟遊程創造個性，賦予靈魂。

鳴日號推出前，我們就已經研究許久，該提供哪些精準的服務體驗。（圖／作者提供）

｜叛逆，成就精彩｜
只有想不到，沒有做不到的旅遊創意

這些觀光列車推出前，我自己也試搭多趟，不斷嘗試，不斷尋求突破。因為市場尚沒有同類型的產品，我們無法借鑑，最大的競爭對手變成現在的自己。我們團隊是學習性組織，而我自己也是學習性主管。我也跟同事說，不要被過去的經驗或勝利捆綁。要考慮的因素很多，時間、環境、市場、客層都有影響。有時候產品並非因不夠好所以賣不掉，而是通路不對，賣錯客戶。要從自己和別人的失敗中找養分，找出為什麼成功、為什麼失敗。

　　我經常打電話給許多同業朋友，問問他們現在在做什麼，分享近況與近期發展。每個人都有他厲害的地方，分享行業中的精彩，聽聽別人也刺激自己。大家不一定走相同的路，但也想想我們有沒有能力切入，有沒有機會合作，有沒有可能共贏。

　　新的未來總是令人期待！

7

未來待敘

有時顛覆思維不是為了叛逆，而是看見未來遠景的必要改革之路。

旅行業以服務為主，我也一直強調優質服務的重要性，但在2021年底，我卻推動了一件顛覆既有思維的決策：停止供應巴士上的瓶裝水。

擔心習慣巴士上提供精緻瓶裝水的旅客反彈，有些同事反應頗大，甚至覺得我在辦公室不懂得第一線的辛苦！這樣的反饋一度讓我徹夜難眠，思考是對是錯？該如何調整？是否要提供可重複使用的水瓶？旅客要補充飲水時怎麼解決？我們不是為了省下一瓶水的錢，而是真的希望帶動「自備飲用水」的減碳風氣。

又一次，我必須先說服同事，再與外部溝通，尋求認同與協助。這一次不是叛逆，而是看見願景的改革。

一年157座台北101

為什麼不提供瓶裝水？因為公司一年不提供瓶裝水可減少的塑膠寶特瓶量，疊起來的高度相當於157座台北101！不能只是企業賺錢，卻把垃圾丟給大地和後代。這項改變還必須有相應配套，包括在官網和出團前向消費者預告「不提供瓶裝水」、要求合作的飯店、餐廳等單位提供飲水甚至熱水，讓旅客下車就能夠補充。

|叛逆，成就精彩|
只有想不到，沒有做不到的旅遊創意

從2021年12月預告這項變革，我和團隊花了5個多月的時間，和企業內部及外面合作夥伴如飯店、餐廳、景區等，溝通不提供瓶裝水的原因，並拍了許多動畫與短影音宣導，甚至製作小卡片，呼籲遊客自備保溫瓶，並明列可提供茶水的地點，邀遊客加入環保行列，最後特別選在2022年4月22日世界地球日開始執行，讓這項變革更具意義。

做為旅行業者，我們有「寓教於樂」的責任，每一團的導遊領隊，都是我們的綠色旅遊推廣大使。中間的溝通也許花費

許多心力，但持之以恆，旅客就會明白我們的苦心。我希望讓客人感受到：我們不只是要帶他們去旅遊，而是在過程中體驗生活，甚至為社會做一點事。回到家，他們或者也會成為減塑理念的傳播者，發揮自身的影響力，擴散到家人，也許就能逐步改變整個環境。

經過兩年的溝通，超過九成九的消費者感受到公司在永續旅遊的努力，雖然還有少數客人認為「不方便」，但已有絕大多數的消費者認同理念，願意共同參與，這也堅定我繼續推廣永續旅遊的企圖心。

農業部林業署署長林華慶（左）推廣的森林旅遊與林下經濟，是永續旅遊的極佳示範。

|叛逆，成就精彩|
只有想不到，沒有做不到的旅遊創意

30 永續是未來基石

　　永續旅遊不是這幾年才有的話題。早在2017年，聯合國世界旅遊組織（World Tourism Organization，UNWTO）定為「永續旅遊發展年」，將永續旅遊定義為：「充分考量目前及未來的經濟、社會與環境影響後，落實遊客、產業、環境與當地社區需求的觀光方式。」

　　作為觀光企業龍頭與上市企業，我們自許為觀光領航者，必須走在產業前端。公司很早就已將環境、社會及治理（Environmental, Social and Governance, ESG）原則納入企業決策，並與上下游的供應商攜手合作，推動減碳旅遊，像降低一次性用品如瓶裝水，建議自備盥洗用品、鼓勵旅客自備環保筷和個人隨身杯、加大軌道運輸比重、推動永續旅遊。

上下游減碳

　　幾年下來，公司團隊的努力，已獲得環保署環保旅遊業標章肯定，包括以「Regional Hub」理念進駐全台交通樞紐，提倡長途交通多利用高鐵和臺鐵，長程交給軌道，短程交給自行車，達

到減碳目的。這件事自己做不夠，我們積極邀請上下游廠商食宿遊購行相關業者成為綠色合作夥伴，優先選擇符合理念的業者合作，完成永續旅遊的串聯。

除了農業旅遊、觀光工廠體驗，我們還加大「山林旅遊」的深度體驗，邀請民眾走進自然森呼吸。感謝農業部林業及自然保育署台中分署與新竹分署和我們聯手啟動「國家森林遊樂區森林生態旅遊策略聯盟」，推動林下經濟，達到產業共好，希望讓旅客走進山林，帶著森林故事與山林珍產如精油、蜂蜜，留下滿滿回憶。從產業上下游到旅客參與，少一個都不行！

政府已經在推動永續議題，金管會2023年8月17日宣布2026年為「台灣永續元年」，規劃分3階段推進全體上市櫃公司適用

透過生態旅遊的規劃，接軌國際，也更友善地球。

|叛逆，成就精彩|
只有想不到，沒有做不到的旅遊創意

iFRS永續揭露準則。作為上市企業，大公司有能力做好自己的ESG、CSR及碳盤查，但其他上下游的中小企業未必有資訊或協助能快速跟進。若沒有ESG相關知識及認證，無法提供滿意服務，這個世代跟不上就容易被淘汰。觀光產業更重視國際旅客，當國際企業都要求符合節能減碳的永續旅遊，台灣做不到，很難與國際其他國家爭取觀光客！

樂活永續，夥伴同行

這次我們面對的挑戰，客戶端是不會說話的地球。擔心下一代孩子們的未來，追求永續，是未來的基石！

因應永續發展及高齡化社會這兩大趨勢議題，我和理念相同的產業夥伴在2023年初成立「台灣樂活永續協會」，邀請台灣休閒農業發展協會秘書長游文宏擔任協會副理事長、薰衣草森林董事長王村煌、觀光工廠促進協會理事長許立昇等人擔任理事，從生活旅遊切入樂活永續，結合產官學媒各界力量，推廣減碳認證與ESG理念，打造台灣ESG的觀光旅遊產業鏈。

單一企業自己做ESG不容易，但協會一起做，彼此學習，有先行者帶頭，少走冤枉路。有些上市公司並非觀光相關產業，但

他們也可以參與進來，讓自己變成標竿與示範點。先把自己打理成「低碳旅遊目的地」，就能吸引更多人慕名而來體驗或學習。2023年8月17日召開會員大會時，已有50家中小企業參與。這些競合關係，也會不斷推動我們前進。

初期，我們以強調推動樂活旅遊與環境永續理念，鎖定高齡族群規劃食宿遊購行樂活配套。我們已經規劃一、二日遊等15條低碳遊程，盡可能安排在週間出遊，優選環保署規定的「綠色旅遊」認證場域，以低碳運輸理念設計行程，在官網上販售。這是永續旅遊的示範，也是樂活旅遊的實踐。長遠期待能和日本、韓國的樂齡旅遊協會對接，彼此交流互動，邀請國際友人來台交流，打開台灣樂活旅遊的國際知名度。

這是我未來想做的事之一：跟夥伴一起推動台灣的樂活永續。未來待「敘」，我們一起努力。

叛逆，成就精彩
只有想不到，沒有做不到的旅遊創意

重視人與地球的關係與存續，永續旅遊將是
未來旅遊的趨勢。（圖／作者提供）

31 退而不休的新旅程

　　我今年63歲，2025剛好65歲，正好銜接樂齡世代，面對身體機能下滑的自然挑戰，想讓自己活得更好。那回日本客戶因為我多年來維持外表「精氣神」十足，所以信賴我「自我管理」的評價，讓我銘記在心，所以堅持透過飲食、運動來調整身體機能。我們現在正在做的事，就是打造自己的樂活未來。

　　一直到現在，我仍每天清晨4點起床就外出，跑6～8公里，除了下雨或前一天晚上應酬到很晚，一個月30天，至少有25天堅持運動。跑到5點多回來洗澡，看新聞，6點多出門，7點就到公司！規律的生活是對自己負責；健康則是回饋家人最好的禮物。過去因為我父母身體健康，才讓我有更多自由揮灑的空間。我也想讓子女無憂，好好過他們的家庭生活。這是我承自父母，想傳給下一代的珍貴領悟。

　　許多人說，退休的人有的是時間和金錢！到我這個年紀，才發現這是「誤解」，年歲漸長，我們其實是過一天，就少一天，過一週，就少一週，剩下的退休歲月，我們希望自己的生活豐富而璀璨，希望自己能奉獻的每一天都是精彩的，不是只有享樂。

| 叛逆，成就精彩 |
只有想不到，沒有做不到的旅遊創意

品茶、賞鯨⋯⋯樂活旅遊可以展現很多種精彩的可能性。

慢體驗與釀旅遊

　　永續旅遊、綠色旅遊、負責任的旅行、樂活旅遊,其實都是不停找出人與地球最佳相處方式。所以我推「減碳移動」,以深化「在地體驗」,「緩慢旅行」帶著旅客瞭解在地文化,這是永續觀光在做的事,也是我們正在努力的方向。

　　多年來我的旅行與移動,有98%都是為了工作,未來,我想享受旅行。

　　我期待的旅遊不是趕場,而是感受。要慢慢醞釀、發酵,才能達到完美境界。體驗生活,品味大自然,忘卻思考。有沒有可能,5公里用4小時來體驗?不妨換個思路:brew our trip。

走進森林慢旅行，與自然同在，
與自己同在。

以往業者都認為，登山健行，像是爬玉山、小百岳，或走登山步道，是沒錢賺的。

但如果走一兩公里，突然有人架開導演椅，帶你聽蟲鳥鳴聲、讀山石紋理、捕捉風拂過樹葉的沙沙聲，聞聞植物的味道，放鬆心靈與大自然同在；有人開了一瓶香檳，每人品一小口，那不是很美好？

有了精心規劃的服務，森林裡，5公里就可以玩一天。像是從樹頂上看森林，從土地裡感受脈動，藉由計畫性的活動體驗，讓你讀懂一片森林。進而實踐「無痕山林」的理念，自發性守護山林。只留記憶與微笑，不留半點人為痕跡。

經由引導，慢步休閒，感受浪漫，把「慢」旅行的形容詞變成動詞，邀請旅人真正優雅的慢下來，讓心情發酵，「釀」出風味，給生活留下更多空間和時間，去感受，去感動。

山林旅遊、鐵道旅遊，都邀請我們慢下來，與自然同在，與美同在，也與自己同在。

從話畫到旅遊畫家

我一度想，退休後，要重拾畫筆，辦油畫展。將自己生命中

的重要時刻化為20幅畫，展覽現場親自導覽，每兩個小時一場，講述每一幅畫背後的故事，展完後大兒子與小兒子各保管10幅畫，未來兩家聚在一起，就可以一起回顧說「這是爺爺當年的話畫作品」。

但今年9月，我到舊金山去跟家人團聚一個多月，我又有了新的想法。我想繼續分享自己生命裡看到有感、有趣的東西！就像是我現在對過往的紀錄。從畫出過去定格畫面，到現在朝「旅遊畫家」轉換，都是為了把更多美好分享給大家！

參觀Meta總部，提醒我未來有無限可能！（圖／作者提供）

叛逆，成就精彩
只有想不到，沒有做不到的旅遊創意

這次到舊金山，看到政府在一個隧道口附近用木頭打造的新公園，非常令人驚艷！不需要特殊設計，用木頭簡單組合，就能營造可互動的生活場域，遊人可以在這裡畫畫、攀爬、堆疊木頭，那句「每個人都可以成為一個藝術家」打動了我。

「舊金山隧道頂公園」附近用木頭打造的新公園，從生活中創造豐沛能量，非常令人驚艷！（圖／作者提供）

藝術的展現有很多樣貌，可以是畫家，可以是雕塑家，也可以是個生活家，透過藝術手法的呈現，用好的作品，展現出生活的精彩。藝術與繪畫的DNA仍在我血液裡流淌，驅使我繼續創作。

　　期待人生的下一階段，繼續用畫筆、用故事、用分享記錄所有精彩。

　　這是我第二件想做的事，未來待「敘」。

人生無所限制，每個人都可以是藝術家。

今年9月從舊金山回台時，大孫女 Hannah和孫子Ethan畫給我作為臨別贈禮的紀念，這是沒有經過訓練雕琢，出自本心的畫作，對我來說非常珍貴。（圖／作者提供）

PEOPLE 513

叛逆，成就精彩

只有想不到，沒有做不到的旅遊創意

作　　者—黃信川
照片授權—雄獅旅遊、欣傳媒
執行編輯—廖苡安
責任編輯—廖宜家
主　　編—謝翠鈺
企　　劃—陳玟利
美術編輯—張淑貞
封面設計—兒日設計

董 事 長—趙政岷
出 版 者—時報文化出版企業股份有限公司
　　　　　108019 台北市和平西路三段 240 號 7 樓
　　　　　發行專線— (02)2306-6842
　　　　　讀者服務專線— 0800-231-705、(02)2304-7103
　　　　　讀者服務傳真— (02)2304-6858
　　　　　郵撥— 19344724 時報文化出版公司
　　　　　信箱— 10899　台北華江橋郵局第 99 信箱
時報悅讀網— http://www.readingtimes.com.tw
法律顧問—理律法律事務所 陳長文律師、李念祖律師
印　　刷—和楹印刷有限公司
初版一刷— 2023 年 11 月 24 日
定　　價—新台幣 420 元
缺頁或破損的書，請寄回更換

叛逆,成就精彩：只有想不到,沒有做不到的旅遊
創意 / 黃信川著 -- 初版. -- 臺北市：時報文化出
版企業股份有限公司, 2023.11
　　面；　　公分. -- (People ; 513)
　　ISBN 978-626-374-554-4 (平裝)

1.CST: 黃信川 2.CST: 傳記 3.CST: 旅遊業

783.3886　　　　　　　　　　　112018136

ISBN 978-626-374-554-4
Printed in Taiwan